广州城市革命记忆

沈成飞 连文妹 邓 雨 编著

Guangzhou Chengshi
Geming Jiyi

中山大学出版社

·广州·

图书在版编目（CIP）数据

广州城市革命记忆/沈成飞，连文妹，邓雨编著. —广州：中山大学出版社，2023.12

ISBN 978 - 7 - 306 - 07947 - 3

Ⅰ.①广…　Ⅱ.①沈…　②连…　③邓…　Ⅲ.①革命史—史料—广州　Ⅳ.①K296.51

中国国家版本馆 CIP 数据核字（2023）第 210658 号

出 版 人：王天琪
策划编辑：张　蕊
责任编辑：张　蕊
封面设计：曾　斌
责任校对：林　峥
责任技编：靳晓虹
出版发行：中山大学出版社
电　　话：编辑部 020 - 84111997，84110283，84110771，84110779
　　　　　发行部 020 - 84111998，84111981，84111160
地　　址：广州市新港西路 135 号
邮　　编：510275　　传　真：020 - 84036565
网　　址：http://www.zsup.com.cn　E-mail：zdcbs@ mail. sysu. edu. cn
印 刷 者：佛山市浩文彩色印刷有限公司
规　　格：787mm×1092mm　1/16　15.25 印张　170 千字
版次印次：2023 年 12 月第 1 版　2023 年 12 月第 1 次印刷
定　　价：50.00 元

前　言

广州是一座古城，亦是一座新城；广州是一座守旧之城，亦是一座创新之城；广州是一座革命之城，亦是一座改革之城。广州是近代中国的开关地，亦是近代中国民主革命的发祥地。广州在中国历史上尤其是在中国近现代历史上有着不可替代的特殊地位，其遗留的历史记忆，需要一代又一代中国人感悟铭记，其血脉中的革命基因，尤需青年人代代传承。

广州是一座有情怀的城市。这种情怀既是对人本身的关怀，亦是对历史的追怀、对先烈的缅怀。感怀广州城市的革命记忆，我们从现实走进历史，先辈们从历史走到今时。

作为菁菁茁茁之青年，应该感铭历史之不朽，秉承先辈之遗教，深怀家国之情怀，为天地立心，为生民立命，真真正正成为担当得起民族复兴大任的时代新人。

本书以近代广州的革命历史文化和基因为主线，通过青年学生之现场考察和研究整理来解读历史记忆，并通过细腻的叙述和价值提升，让青年人感受近代中国历史命运在广州的跌宕起伏和绵延发展，进而促使其感悟近代中国先烈们为国家民族担责任、为人类解放担干系的铁肩道义和恢宏历程。

全书分为四个部分：近代中国开风气之先于广州；近代民主革命策源于广州；中国共产党的革命实践发轫于广州；一代民族魂的历史记忆留驻于广州。具体内容分为十九个专题，以历史的进程为序，考察和抒写最具代表性的广州历史遗迹承载的历史发展和历史使命，讲好革命故事、人的奋斗故事。

全书的现场考察和研究叙述主要是由中山大学部分本科生和研究生完成的，其考察之认真细微、研究之深入全面、叙述之生动形象、表达之准确规范、抒发之真切感人，令人赞叹。

一百多年前，陈独秀认定新文化运动的宗旨是为"改造青年之思想，辅导青年之修养""本志于各国事情学术思潮尽心灌输""欲与青年诸君商榷将来所以修身治国之道"。一百多年后，我们念兹在兹，仍将继续与青年诸君商榷历史使命之途、民族复兴之道。青年诸君，其共勉旃。

目　录

1

目 录

第一篇 近代中国开风气之先于广州

中外商贸晴雨表——十三行的兴盛衰败

在清朝很长一段历史时期内，中国整体上实行闭关锁国的政策，致使对外贸易和对外交流甚少。广州作为当时对外开放的唯一关口，其兴衰反映了那个时代我国对外贸易往来的历史。而十三行作为广州最具盛名的商行的通称，对其进行考察和分析，能帮助我们更加深入地了解当时的历史。

广州十三行博物馆（如图1-1所示）保留了种类丰富的文物，它们展示了自清代以来广州的城市发展变迁、寻常百姓的生活风貌，以及十三行外销艺术品的特点，是深入研究十三行历史发展的重要的一手资料（如图1-2所示）。

图1-1　广州十三行博物馆

图 1-2　广州十三行博物馆展品

　　十三行曾是清政府对外贸易的窗口，如今虽有被现代贸易机构取代的趋势，但在十三行街上仍然可见具有老广州特色的骑楼，其墙体已经斑驳。如今的十三行街已经是一个服装批发集散地，其附近街市开办的多是经营简单手工业产品的小商铺，如经营胶带、贴纸、大米、儿童玩具，以及早早准备好的年货等。十三行街市早已失去了当年作为对外贸易垄断机构的辉煌，但从已重新装修过的、带欧式风格的建筑中还可以依稀看出它曾经的辉煌。

　　今天，十三行街市上的"商贩们"忙碌地推着推车游走于各个店铺之间，仿佛早已忘记了这个地方的历史。十三行街市附近有许多外国商人，他们大多是亚非兄弟。十三行作为清政府的对外窗口，没落于第一次鸦片战争后的五口通商时期。鸦片战争使中国由"天朝上国"逐渐沦为半殖民地半封建国家，由此开始了被列强践踏的百年屈辱史，也拉开了中华儿女百年革命与抗争的序幕。

一、十三行的起源

十三行是清代广州地区专职于对外贸易的商行的通称，是清朝时期官府指定的对外贸易的垄断机构，又叫"洋行"或"洋货行"等。清政府实行"闭关锁国"政策，规定对外贸易窗口仅广州一处，因此，该时期十三行的业务十分繁忙。虽然名为"十三行"，事实上并没有定数。

1685年，清政府设立了江海关、浙海关、闽海关和粤海关，自此四海关正式取代了宋朝以来的市舶司，这也标志着"具有近现代性质的海关制度登上了历史舞台"。① 海关，名义上负责关税的征收和对外贸易的管理。粤海关成立以后，广东巡抚李士桢会同两广总督和粤海关监督发布《分别住、行货税》文告，区分国内贸易和国外贸易，"确定由'洋货行'专门经营与各国贸易事宜。设立金丝行和洋货行两项货品店"②。

事实上，十三行负责出面主持税收方面的事宜，包括代办报关纳税和赊销买卖等相关业务。粤海关建立之初并没有设置相关的专营外贸的商行。"次年四月间，两广总督吴兴祚、广东巡抚李士桢和粤海关监督宜尔格图共同商议，将国内商税和海关贸易

---

① 魏俊：《广州、粤海关与广州十三行》，载《兰台世界》2016年第2期，第96－99页。

② 魏俊：《广州、粤海关与广州十三行》，载《兰台世界》2016年第2期，第96－99页。

货税分为住税和行税两类。"①

1757年，乾隆的一道圣旨自京城传遍沿海各省。一时间，除粤海关外的其他所有沿海关口应声关闭，中西贸易几近停滞。在"闭关锁国"的大环境下，中国的南端却出现了"洋船泊靠，商贾云集，殷实富庶"的繁荣景象，这里就是被誉为"金山珠海，天子南库"的广州十三行。这项持续了80多年的贸易垄断政策，使全国各地的商品集聚于广州十三行，再由此处发售到世界各地。屈大均在《广州竹枝词》中有云："洋船争得是官商，十字门开向二洋。五丝八丝广缎好，银钱堆满十三行。"② 从中可以窥见十三行的繁荣景象。

历史学界对十三行的起源有多种说法。一说其成立于粤海关设关之年，一说其成立于粤海关设关之后，而最被认可的一说，则是吴晗根据昭梿《啸亭杂录》记吴兴祚之事"奏通商舶，设十三行"，而确认十三行成立于康熙二十一年（1682）至二十四年（1685）之说。成立之初，十三行仅仅是一个进口洋货、出口土货的中介商行。那为什么在一段时期之后，十三行能成为商行界的佼佼者，成为清朝政府源源不断的财源呢？

据历史记载，十三行在从开始形成到渐渐消亡的长达两百多年的发展历程中，与大火一直有着重要的关联。十三行前后历经了三次重大火灾，而第三次，正是发生在第二次鸦片战争期间。由于当时当地民众十分痛恨英军的残酷侵略，进而纵火烧屋，火

---

① 柯继明：《图说中国历史·第4册》，吉林出版集团有限责任公司2013年版，第598页。

② 〔清〕屈大均：《广东新语·卷十五》，中华书局1985年版，第427页。

势迅即蔓延至十三行地区的外国商馆区。自此，英军在十三行的据点彻底消失，被迫撤回泊于珠江上的军舰上。从此，十三行商馆区也就结束了它的历史。

十三行虽然在一场大火中与历史告别，但我们还是从许多资料中得知，十三行确确实实经历了由盛转衰的历程。因此，我们同样好奇，在空前繁华的表象下，究竟是什么为十三行的衰落埋下了种子？

经过考察，我们对十三行的历史有了更为深刻的了解，也希望能够通过试着回答这两个问题，浅谈我们对十三行兴衰历史的看法。

二、十三行之兴

（一）皇室扶持，洋船泊靠——形成原因

谈及清朝的对外贸易，必须首谈广州十三行。广州十三行创立于康熙盛世，是清政府特许经营对外贸易的专业商行。乾隆的一纸诏书，使广州成为自清中叶以来唯一的对外通商口岸，尤其是在实行"闭关锁国"政策时期，十三行作为进行中外贸易的重要场所，世界各地的洋船齐聚于此，各国几乎都与十三行有着直接或者间接的贸易关系。由于清政府的政策支持，外加得天独厚的地理位置优势，广州十三行坐拥世界贸易资源，这也是十三行得以兴盛的原因。

（二）贸易中心，富商云集——兴盛的表现

1. 一脉相承，一口通商

在十三行博物馆展厅中有画卷《万商来朝，万船舶靠》。该画卷展示了创建于康熙时期、兴盛于乾隆时期的广州十三行，作为大清帝国钦定的对外贸易窗口，"一口通商"持续了85年，在世界贸易上占有重要位置。实际上，"十三"并非定数，经营各种买卖的皆有；同时，海外列强美国、英国、法国、荷兰等国的商馆也聚集于此。由此可见，那时的广州已经发展成国际贸易的大窗口。据统计，仅1749年到1838年就有5390多艘来自世界各国的商船到十三行进行贸易。广州十三行成为名副其实的对外贸易的世界大商埠。

2. 商贾云集，殷实富庶

广东凭借自身独特的地理位置优势，不仅吸引了世界各地的商人前来经商，更是国内商人发家致富的好去处。商人潘有度、伍秉鉴、卢观恒、叶上林是当时广州十三行的四大行商，号称"广州四大富豪"，其家产"富可敌国"。这些行商拥有的资产涉及田地、宅院、茶园、店铺等。

3. 天子南库，经商为国

广州十三行在当时的贸易中占据着垄断的地位。凭借着外贸特权，十三行的商人富可敌国，经济实力惊人，但在国家需要之时，他们还是积极向中央政府捐献。这一时期，广东行商积极向政府提供经济支援，平均每年超过10万两白银。凭借自身特殊的商贸地位，广州十三行不仅成了奇异洋货的供应地，同时还为

清政府提供了各类商业人才。

4. 洋货供奉，艺业天堂

十三行博物馆中陈列的精美瓷器、珍贵画卷和华丽丝绸，彰显着广东的繁荣。十三行在清朝对外贸易份额中占据着绝对优势，为清廷提供了各类奇珍异宝。尤其是在广州成为唯一通商口岸后，十三行更是成为皇家唯一可以倚赖的西洋奇器供应地，每年为宫廷提供了大量奇珍异宝。

三、十三行之衰

（一）表现

十三行表面繁华，却也在渐渐地走向衰弱。皇帝对西洋奢侈品的过度需求，让商家苦不堪言，政府官员也不断剥削，更是让他们雪上加霜。在处理外商和本国行商的债务问题上，朝廷采取双重标准。对于外商的债务，清政府怯弱不敢追问，任由其恶化；对于本国行商的欠债，朝廷必定追究，且采取抄家的方式，以此来抵债，如果资不抵债，则公行的全体成员都要负担债务。如此双标，导致十三行处境艰难，经济环境不断恶化。

（二）原因

结合当时的历史，我们分析了导致十三行衰败的几大重要推手，即清政府、外商以及行商本身。

1. 清政府方面

清政府是十三行衰败的最大推手。在十三行的发展史上，处

8

处渗透着官府过度干预和"权力寻租"的现象。官与商成为十三行兴与衰的矛盾组合。行商对贸易的垄断必须依靠官府的支持，他们为此需要肩负重要的使命，比如向官府支付捐款。

行商们的义务不仅仅限于金钱一脉，还需要为外商作保，外商的犯法和欠债，承保的行商都要负担责任，称为外保。行商因外保不利而备受牵连的案例屡见不鲜。与之相应，行商还必须为同行作保，一人欠债，偿还的责任就要落到全体行商身上，称为内保。一行亏损或破产，全体行商都要受到牵连。在这种僵化机制的束缚下，破产的行商越来越多，且慢慢丧失了与外商的议价优势，导致利润逐年下跌，许多行商渐渐消失，十三行的对外贸易优势已然名存实亡。

2. 外商方面

十三行自诞生之日起，贸易对象就是各国商人。在频繁的船来船往、买进卖出的商贸往来中，不可避免地伴随着行商与外商之间无数次的合作与冲突。而正是这些合作与冲突，最终导致了十三行的没落。

商业往来中绝没有什么长久不变的伙伴。跨入 19 世纪，行商们渐渐发现，以前的商业伙伴正慢慢变为敌人。很多外商趁机大肆对行商放高利贷，且大多采用利滚利的方式累积债务。

"中国官方担保偿还责任，并以行商互保的形式使殷商必须承担破产商人的债务"① 这一规定让那些放高利贷的外商吃下了

---

① 张晓宁：《天子南库：清前期广州制度下的中西贸易》，江西高校出版社 1999年版，第 60－61 页。

定心丸。这类不良贷款导致行商成批破产，行商们已经被债务逼至穷途末路。

3. 行商自身方面

多数行商生活追求奢靡，沉迷美色。有历史资料显示："（同孚行潘氏）每年消费三百万佛郎……有妻妾五十，婢仆八十，园丁役夫三十……家园内穷奢极侈，以云石为地，以金、银、珠、玉、檀香为壁……其余珍禽宝木，美不胜收。"[①] 当这样的消费成为日常，又有哪个行商吃得消呢？

四、结语

十三行历经170多年的岁月，承载着近代中国兴衰的历史。这里曾是"'天子南库'，华南商贸繁荣源头"[②]，商品琳琅满目，人群熙来攘往，是中外经济、文化交流的重要场所，并且淋漓尽致地向后人展现了一幅生动的异域风情画卷。若以我们现在的角度来看，不免觉得辉煌与衰败是事物发展的自然规律。设若回到历史现场，在十三行由盛及衰的演变过程中，究竟还有哪些是值得我们留恋的呢？

我们试图在后人的研究中寻找答案，以对十三行有一个多元化的认知。清朝商人承担起了管理外贸的职责：一方面，使商行占据着垄断地位，行商的身份尊贵；另一方面，减轻了清政府的

---

① 梁嘉彬：《广东十三行考》，文星书店1960年版，第211页。
② 王树恩：《广州十三行的兴与衰》，载《档案天地》2010年第10期，第28 - 30页。

负担。自此，广州十三行享受着政策的优惠，命运与清政府的兴衰息息相关。尽管如此，十三行在有些方面还是值得被认可的，如"讲诚信，赔钱也退货""广东商人创造出'广东英语'""防天花，行商引进种痘医术""外销画与骑楼见证文化交流""靠'中国皇后号'，美国人'脱贫'"等。其中，有"在鸦片面前是干净的"一说，这是因为"当时官府规定，所有入口的外来船只必须由伍浩官等四家行商承保，保证每艘在到达黄埔时没有装载鸦片，一旦出现问题，唯行商是问，必罚重金……不论是清宫档案，还是英国等西方档案，都没有发现十三行商人参与鸦片走私的记载"[①]。

一场大火，让十三行化为灰烬。然而，大火带走的只是十三行的物质实体，却带不走十三行沉淀在历史长河中的兴衰与荣辱。通过十三行这一窗口，人们可以找到发现历史和认识历史的重要渠道，既看到了近代中国本身存在的不足，也看到了其与世界经济发展的差距。随之而来的鸦片战争，已然在警醒我们需要探索一条新的救国之路。

（考察组成员：高晨瑞、贾旭、丁俊伟）

---

① 李国荣：《广州十三行：清朝首创商行外贸管理模式》，载《广州日报》2006年4月25日。

中西交通见证地——沙面的是是与非非

　　沙面，历史上曾被称为拾翠洲，是由珠江冲积形成的一座沙洲，故得名沙面。沙面坐落在广州市市区的西南部，南部濒临珠江的白鹅潭，北面隔沙基涌，是与六二三路相望的一个小岛（如图1-3所示）。其大小街巷共有八条，面积约0.3平方千米。

　　沙面有着悠久的历史和丰富的文化内涵。无论在古代还是在近现代，沙面都扮演着重要的历史角色，尤其在近代被征为租界长达88年的这段历程，其历史意义颇深。要想深入剖析沙面的文化基因并探究其现代化历程，我们需要先回顾其漫漫历史。

图1-3　沙面一角

一、沙面历史回顾

早在宋、元、明三朝及清朝前期，沙面就已经是我国的国内外通商要津和游览胜地，可见，沙面有着悠久的通商历史。清朝在实行闭关锁国政策期间，国内的对外贸易被限制于广州十三行一口，沙面在对外通商中扮演了极为重要的角色。

1840 年，为打开中国广阔的市场，扭转对华贸易逆差，英国率先发动了鸦片战争，清政府在鸦片战争中战败，并于 1842 年被迫签订了《南京条约》。该条约强制将中国五个沿海城市开放为通商口岸，其中便包括沙面所在的广州。此后，英国多次向清政府施压，要求在广州租地，并将目标瞄向珠江下游地区。最终经过协商，十三行地区大致形成了广州租界的雏形。

1856 年，英法联军发动第二次鸦片战争。次年 12 月，英法联军攻占广州，急切寻找新的驻留地，最终选定了位于十三行西南面、珠江白鹅潭畔的沙面。1859 年，英法两国官员向广州巡抚提出租借广州沙面的无理要求。同年 7 月，两广总督被迫答应这一要求，沙面的改造建设工程旋即开工。这一工程耗时两年，耗资白银 20 多万两。1861 年 9 月 3 日，英法再次同清政府签订了《沙面租借条约》。该条约规定，在租借期内中国政府"均不得在此内执掌地方收受饷项及经理一切事宜"，沙面也因此成为正式的租界。至 19 世纪末，沙面租界已成为一个拥有各种公共设施、独立于广州城的地区。

沙面成为租界的这段时间，爱国人士发起了多次起义示威运动，比如 1925 年震惊世人的"六二三"惨案（又被称为"沙基惨案"）。为了收回沙面，国民政府也曾做过一些努力。然而，直至 1949 年广州解放，沙面才真正回到祖国的怀抱。

在广州解放初期，沙面由广州军事管制委员会管辖，一度被作为特区进行管理。后经多次改制，到 1980 年 10 月 1 日，政府撤销了革命委员会，成立了荔湾区沙面街道办事处，也是荔湾区基层政府的地方派出机构。1996 年年底，国务院将沙面列为国家级文物保护区。

沙面的故事跨越了漫漫历史长河，每一个时代都在沙面留下了鲜明的文化烙印，这使沙面积攒了浓厚的纵向历史文化内涵；同时，又因为沙面在近代曾被帝国主义国家用作租界长达 88 年，所以沙面深受西方文化的影响，在中西文化的碰撞与融合下，沙面凝聚了横向的多元文化内涵。在纵向、横向丰富文化内涵的共同作用下，沙面呈现出了一种古今齐聚、中外共存的独特人文景观，这集中体现在沙面的建筑风格与著名景点上。此外，沙面本身就是由珠江冲击而成的沙洲，因此有着极佳的自然景观，古树名木参天，空气清新，称得上是广州的"小洞天"。

二、沙面实地考察——街景

沿沙面北街而入，首先映入眼帘的便是一幢幢古典与现代结合的小洋房和簇簇花坛。这里的建筑群分布错落有致，建筑风格有西方风行的新古典主义式、折中主义式、新巴洛克式、券廊式、仿哥特式等。花坛边、街道上，老人在悠闲地晒着太阳，孩子们在嬉戏奔跑，游客在漫步游览。在沙面东西方结合的建筑群与五彩花坛四周，随处可见拍婚纱照的幸福人儿。其中，一些建筑仍旧作为居民楼在使用，为这里增添了不少生活的气息；还有一些房屋则改造成了现代化的商铺，为沙面增加了商业化的色彩。

在沙面的街道上，还可以见到一些颇有寓意的雕塑。其中，《世纪丽人行》反映了中国女性从清末至改革开放的审美变化，折射出了女性地位的提升与国家的逐渐强盛（如图1-4所示）；《三下五除二》则描绘了东西方文化的碰撞交流，体现了清末民初中国受西方工业文明冲击时的场景（如图1-5所示）。

图1-4 《世纪丽人行》

图1-5 《三下五除二》

除了一些人文景观，沙面的街道两旁还随处可见年岁久远的参天古木。它们仿佛一位位睿智的老者，静静地看着沙面百年间的风风雨雨，关注着中国从近代一路走来的沧海桑田。

沙面的街道不仅体现着现代的气息，更折射出中国近代不堪回首的历史。沙面的一些古建筑现已改造成母婴馆、文物纪念馆、广东医药行业协会驻所等，但仍然令人难以忘记它们的最初用途是被用作西方列强的大使馆、医院、招商局……今日的我们可以享受沙面带给我们的美景、充分挖掘它的商业价值，但绝不能忘记它折射出的屈辱历史。

三、沙面实地考察——沙面基督堂

周末，参观沙面的人络绎不绝。沿着熙熙攘攘的道路继续向前走，由远及近，吟唱的歌声渐渐清晰，伫立在我们面前的是一座普通的基督教堂。身边的教徒一个个虔诚地走进教堂。原来这天恰好是星期天，正是基督教徒做礼拜的日子。

教堂外有一块牌子，上面写着：沙面基督堂——建于1865年。这让我们不禁再次想起沙面的屈辱历史——中国近代史的缩影。自鸦片战争后，沙面沦为英法租界，从此归外国管辖。包括教堂在内的众多欧式建筑，亦是当年遗留至今的老建筑。这些遗迹，使得百年前的屈辱仍历历在目，让世人警醒，提醒我们勿忘国耻。而百年后的今天，这里已是5A级风景区，四处是游人，他们的脸上洋溢着笑容。在沙面炮台和教堂前，游人们拍照留念，这不禁让人感叹时代的变迁。

四、沙面实地考察——白天鹅宾馆

横穿沙面南街，走进白天鹅宾馆，映入眼帘的便是具有岭南传统园林设计风格的壁山瀑布和琳琅满目的藏品。每每临近圣诞，大厅内便早早营造出温馨的气氛，充满中式古典美的假山和展示西式浪漫的圣诞树互相映衬，带来视觉冲击的同时也给人一种别样的感受。游人们纷纷走上假山瀑布前的楼台拍照，同时欣赏这独一无二的室内美景。

这里既有悠闲宁静的风景，也有略带焦虑又充满期待的氛围。有人说沙面日渐衰老，昔日的辉煌已湮没在暮色当中。拯救，改变，已经刻不容缓。在后续的建筑中，白天鹅酒店就是一个很好的代表。

1983 年 2 月 6 日，坐落于沙面南街 1 号的白天鹅宾馆正式开业。白天鹅宾馆"对岭南建筑有着里程碑式的意义，它是中国第一个采用大型室内中庭设计的酒店"①。考察中我们了解到，白天鹅宾馆建造的时候，曾有人提出建议，五星级宾馆应该设计得更加西化一点，用来接待外宾，但当时的总设计师莫伯治认为西化无法体现我国的文化内涵。因此，他采用了中西合璧的设计构想。从白天鹅宾馆的外观来看，它是一座现代化的建筑，但其内部设计却是完全中国式的，展现了中国文化的独特魅力，这也是沙面的精神所在。因此，自筹建之时起，白天鹅宾馆就被寄予

---

① 《白天鹅宾馆：岁月带不走的容颜》，载《南方日报》2011 年 10 月 28 日。

了厚望。

走出宾馆，广阔的江面和对岸林立的高楼映入眼帘，站在江边，时有微风拂面。宾馆内独特的古典庭园式设计与周围幽雅的环境融为一体，宾馆外则充满了现代化气息。在考察中，我们努力回味、感受这种时空交错的魅力。

经过三十多年的建设，沙面的特点更加鲜明，也重新找回了青春与活力。沙面正变得越来越有生活的温度，也越来越现代化、国际化。通过对沙面的考察，我们能感受到沙面人为保护沙面、建设沙面所付出的热情和努力。沙面，正在坚定地回归当今的现实生活。

五、沙面实地考察的价值评估

沙面租界和全国其他城市的租界一样，成了"国中之国"，成为侵略者从政治上、经济上、军事上、文化上侵略和奴役中国人民的据点。侵略者为加强据点功能的各种行径，也在历史上产生了不同的印记和影响。

（一）经济上

西方列强在沙面开设了多家洋行，并利用其对海关的控制和来自银行资金的支持，逐步开拓市场，最终形成了以珠三角地区为中心，延伸到广西、湖南、云南、贵州等地的商业圈。它们大量收购当地原材料的做法实际上促进了中国农产品及工业制成品的发展，也刺激了茶叶种植、蚕桑、丝织等产业的快速发展。同时，洋行还在轮船运输、码头等领域投入了不少资金，其中怡和、宝顺、旗昌等洋行开辟了多条中国沿海航线，并在广州设立了分公司，这些洋行凭借自身的技术优势和不平等条约的保护在中国牟取了巨额利润。以旗昌为例，1867—1872 年，其航运利润总额不下 460 余万两，利润率高达 64.80%～76.14%。这些洋行通过经营中国航运业获得了极大的收益，这刺激和吸引了众多华商投资航运领域，中国航运业在多重压迫下艰难起步，民族资本与民族工业也得到了一定的发展。同时，航运业的进步与繁荣也使海上交通更加便利与快速，为中国经济的发展提供了更好的交通条件。

各国经营的银行成为外国人在广州进行金融活动的重要场所，这些银行主营汇兑、放贷等业务。外国银行与中国商人和钱庄进行资金融通，使大量资本进入广州市场，刺激了经济的发展。19 世纪 90 年代以后，汇丰银行的实业放款已经广泛延伸到了面粉、机械、皮革、化学、五金等众多工业领域。外国银行现代信贷、汇划等制度使中国本土钱庄在学习与模仿中走向近代化，近代中国的银行体系也在洋行和外资银行的刺激与威胁中逐步诞生。

在沙面经营的美国万国通宝银行、日本正金银行、英国汇丰银行（如图 1－6 所示）等 10 家银行垄断了广州地区的存款、贷款、兑汇等金融业务，外国资本家利用他们的优势地位扶植外国企业，攫取高额利润。1920 年，汇丰银行还在广东发行货币，收购白银，使中国货币汇率大跌，导致广州及珠江三角洲一带的金融市场长期处于混乱状态。汇丰银行在 1894 年的货币发行额近1000万港元，估计其中有三分之二流通到了中国内地。每一张外国钞票都是中国屈辱历史的见证，标志着国家经济权力的缺失。

图1-6 汇丰银行旧址

（二）外交上

在长期的封建社会里，中国政府的对外交往浸透着浓浓的"夷夏"观念，不屑于与其他国家来往，不建立相应的外交机构，也不派遣驻外机构人员，将中国以外的一切国家视为"蛮夷"。

但自从1840年英国的坚船利炮轰开中国的大门，中国政府被迫放下"天朝上国"的自我认知，开始逐渐对外开放。1842
年，中英签订的《南京条约》首次规定开放广州、厦门、福州、
宁波、上海五地为通商口岸，并允许英国在华派设领事。英国是
首个在中国设立领事的国家，随后，美、法、俄等国也相继在各
口岸建立领事馆。其中，广州沙面就有英、美、法、德、意等
12 个国家的驻华领事馆。清政府一直奉行"闭关自守"的政策，
对西方设立领事的外交行为并没有及时作出对等的反应。但随着
对外交往的增多和各国驻华公使提出的希望中国政府派驻使节到
各国的强烈要求，清政府渐渐认识到设领事的必要性。

19 世纪 70 年代末，中国陆续派出了驻英国、美国、日本、
德国等首都的公使，1877 年清政府还在新加坡建立了中国第一
个驻外领事馆。虽然在当时半殖民地半封建社会下的中国驻外领
事馆并没有发挥多大的作用，但也促进了中国外交体制的近代
化，保护了部分华人在当地的利益，培养了一批具有优秀外交能
力的外交人才，如郭嵩焘、施肇基、刘玉麟等，为日后中国的外
交做了充足的准备。

（三）建筑上

沙面闻名于世有一个重要的原因——建筑艺术文化。沙面岛
坐落着很多历史建筑，如曾经的多国领事馆、银行、洋行、俱乐
部等。在入住洋人的规划下，沙面按照西方园林"井"字形来
布局，河堤、街心公园、绿化带和建筑物交错，形成了欧陆风格
的街区。19 个国家相继在这里修建了 150 多栋建筑，其风格囊
括了欧式 22 种建筑风格中的 21 种，主要有新古典式、折中主义

式、券廊式（又称"殖民式"）和仿哥特式。形状各异、风格多样的建筑传播了西方的艺术思维与观念，为广州留下了宝贵的历史遗迹。被喻为"沙面建筑之父"的美国土木工程师伯捷主持设计了粤海关俱乐部红楼、瑞记洋行新楼、花旗银行新楼、礼和洋行、旧俄罗斯领事馆等，其事务所雇用了约 9 位中国职员，"他们通过在治平洋行的学习或工作，逐渐熟悉和掌握西方建筑艺术和技术，并最终成为中西建筑文化交流的实践者"①，为中国培养了一批近代建筑人才。

1982 年，英国国际古迹及遗址理事会主席伯纳德·费尔顿（Bernard Fielded）曾给历史建筑下了一个定义："历史建筑是能给我们惊奇感觉，并令我们想去了解更多有关创造它的民族和文化的建筑物。它具有建筑、美学、历史、纪录、考古学、经济、社会，甚至是政治和精神或象征性的价值；但最初的冲击总是情感上的，因为它是我们文化自明性和连续性的象征——我们传统遗产的一部分。"②

我们选择了研究其中 4 个旧外国领事馆，即美国、英国、法国和苏联，主要因为这些建筑本身具有独特的建筑风格。如法国领事馆是亚洲殖民地式建筑（如图 1 - 7 所示），美国领事馆则是早期现代主义风格，它们都是建筑文化史上珍贵的历史遗产。这些建筑风格同时掺杂了其他多种元素，是文化交汇融合的一大体现，反映了欧美社会近代的深刻变革。工业化生产的出现，不

---

①　李穗梅：《帕内建筑艺术与近代岭南社会》，广东人民出版社 2008 年版，第 56 页。

②　陆地：《建筑的生与死》，东南大学出版社 2004 年版，第 14 页。

单单影响了物质生产方式，更影响了精神产品的生产。老式建筑
在新式潮流中经久不衰，这也是技术与建筑思潮相互作用的成
果。除了工业化给建筑艺术带来质的飞跃以外，还有地域特征也
注入了新元素。如果说工业化是时代特征，那么位于广州的沙
面，就是空间上的特征。其中一些建筑掺入了中国特色元素，如
旧英国领事馆运用了中国传统琉璃装饰。这些细节映射出中西方
文化在西方列强侵略中国时不断地磨合、融合。随着时日的增
长，它们也渐渐扎根下来，成为我们文化的一部分，正如费尔顿
所说："（历史建筑是）文化自明性和连续性的象征——我们传
统遗产的一部分。"①

图1-7　旧法国领事馆

　　多彩的风格必然由多种元素相互作用而成。技术的变化、文
化的融合，以及建筑物自身的表达，都使沙面的历史建筑更具艺

<hr />

①　陆地：《建筑的生与死》，东南大学出版社 2004 年版，第 14 页。

术价值。

（四）历史教训上

考察过程中，我们着重观察了 4 所旧外国领事馆。这一座座庄严堂皇的官邸不仅是近代中国人民屈辱史的缩影，更是对后人的警醒和告诫。"落后就要挨打"的道理自我们学习近代史开始就已经铭记于心了，列强用坚船利炮强行打开了近代中国的大门，在中国的土地上耀武扬威，还划分租界，驱逐当地居民，实在是可气可恨。但是，在悲愤的同时，我们也不得不思考，何以列强能够拥有坚船利炮，而清政府就只有土炮大刀？我们作为后辈，在看到仇恨与耻辱的同时，必须时刻警醒，如何自强？如何自信？如何屹立于世界民族之林？青年人应当承担起青年人的责任，在牢记耻辱的同时也要时刻记得奋发图强。

如今的沙面岛依旧人来人往、熙熙攘攘，这些建筑不会告诉人们它们曾经历的一切，但是历史研究者会。沙面岛的存在就是历史的见证，无论它繁荣兴盛也好，衰败落魄也罢，这些建筑的存在就是一根刺，深深地扎在国人的脊梁上，时刻提醒着后辈，要独立富强，要民主建政，要平等自由。这大概就是这些建筑存在的历史意义。

历史的发展是极具戏剧性的，但我们冀图找到兜兜转转之中的客观规律，所以我们从沙面出发，从这有着厚重历史底蕴的建筑群出发，试着去了解整个中华民族的历史，去感受整个文明世界演进与发展的历史。

（五）现实教育上

沙面作为中国近代历史的重要见证，地方政府对其十分重视，在游历沙面岛时我们曾在白鹅潭边看到竖立的牌子，上面的文字和图片记录着沙面的历史。印象较深的是看到一对母子，年轻的母亲在为年幼的儿子读上面的文字。大多数人可能会觉得，历史是历史学家的事，从而忽略了历史的教育意义，但实际上，历史与每个人息息相关，没有人能逃过历史的车辙。马克思认为，"人民是历史的创造者"，那么历史就不仅仅对统治者和管理者具有教育意义，对广大民众同样有教育意义。在对沙面以及历史建筑群考察的过程中，我们都在与历史交流。这是一种润物细无声的熏陶，让我们在寻找"美"的同时也触碰到了历史的"真"，这就是公众历史教育的意义。

六、结语

在考察过程中，我们发现，今天的沙面在其西方建筑风格营造出来的近代历史氛围中，已经融入了许多现代化的元素，而且这些元素随处可见，如豪华高档的白天鹅酒店，街角路口可以寻见的便利店、纪念品店与茶饮店，走几步便会遇到的在路边摆拍的模特以及拍婚纱照的新人……如此种种，都可体现沙面现代化转型的成功及其与现代社会的积极融合。甚至现在提到沙面，人们首先想到的也许不是它的历史底蕴和文化内涵，也许不是它所承载的中国近代那段屈辱历史，首先想到它的可能是一个旅游景点、一个拍照胜地。这同样是值得欣喜的。因为这说明沙面的文化被充分发掘和创新，并以此助推其旅游业发展，这符合我国当今产业结构调整与产业转型升级的战略方向。

来到沙面，总有种时空交错的感觉，明明已是 21 世纪的光景，可这些建筑仍是 19 世纪末 20 世纪初的模样。众人走过的大门曾是某国大使进出办公的地方，可现在，大门紧闭，仿佛一切都没发生过。历史总是如此神奇，明明似峰峦迭起，却总能云淡风轻。过于沉默的沙面，与过于嘈杂的人群形成了鲜明的对比，一部分人甚至都不知道这一建筑群的过往经历。或许，美丽的外表能掩盖不堪的过去，只看到美丽的一面也有它积极的意义。

或许我们的文字略显稚嫩与单薄，但很庆幸有这样的机会，让我们用不同的视角去看待沙面，并用文字记录自己的感受。

中国近代史，是屈辱苦难的历史，而沙面的历史，就是近代史的缩影。我们应勿忘国耻、警示未来，学会让历史说话；我们应珍爱和平、捍卫正义，时刻磨砺思想的锋刃。

一百多年前，鸦片战争一声炮响把我们的民族打入了苦难的深渊，但我们的民族并未因此而沉沦。国人有着赤诚的爱国之心，有着清醒的头脑，有着铮铮铁骨。他们敢于发声，敢于抗争。那时，有一批先锋，他们用无畏的精神和英勇的行为，为国人树立了榜样。跟随他们的步伐，国人面对入侵也不再坐以待毙，而是拿起手中的武器英勇反抗。

一百多年后，家国平定，富强安康，我们更应牢记"落后就要挨打"的事实，珍惜和平之机，发展军事、发展科技，建造世界强国。

曾经的沙面是外国的租界，中国人是被限制进入的。而今的沙面游人如织，安宁美好，时间仿佛在这里凝固。诚然，沙面成为租界是外来入侵者的贪婪和欲望所致，但这同时也让后人明白落后与弱小是无法捍卫国家主权的。彼时当局软弱无能，军队装备落后，军事素质低下，经济停滞不前，且思想腐朽封建，对外闭关锁国，落后于世界发展潮流，于是在战争中一次又一次地失败，签订了一个又一个不平等条约。清政府的软弱无能使国家各方面都落后，无法在国际上平等地与他国对话，导致人民群众颠沛流离，遭受战争的苦难。所幸的是，一批又一批觉醒的中国人，前仆后继地献身于中国革命，并最终成功带领中国走向独立。

我们需要冷静下来，往更深的层面思考：一个富有历史底蕴的景点的最大价值，难道就只在于经济开发这一层面吗？实则不然，对一个历史景点的开发最应该注重其文化传承这一层面。在沙面与现代社会融合的过程中，人们忽视了对历史文化的再深化与宣传，这导致对其历史记忆的日渐淡化。关于沙面，我们要做的应是更多地去强化其所承载的文化内涵，并挖掘其历史底蕴。

沙面的建筑在无声地诉说着经历过的一切，不管是那苔痕已漫上红砖的苏联领事馆，还是那外墙已斑驳的泰和洋行，它们都在告诉我们，这里曾经有过一段屈辱的历史。曾经外国列强在这里对中国实施侵略，曾经有骨气的中国人在这里有过流血牺牲的抵抗，曾经广州的部分民族工业与金融机构在这里诞生成长。列强的侵略行为纵然客观上推动了当时广州社会的进步，但依然罪不可恕。回想过去，我们所要做的不是沉湎于那些难堪的往事，而是要让这些往事变得更有价值、更有意义。现今，我们舍弃仇恨，但没有舍弃警醒；我们舍弃闭关锁国，但没有舍弃独立主权——我们时刻警醒自己，要从沙面那段被占为租界的历史中吸取教训。

历史不应该仅仅是"过去发生的事"，还应包括人们对过去事件的解读与看法。历史的本来面目和根本使命应该是一面镜子，映射着如烟往事，也照耀着未来漫漫长路的未知与可能。沙面像是一颗明珠，它在广州的大地上凭借多样的建筑风格独树一帜；但沙面又像是一根耻辱柱，其历史就是中国近代史的缩影。沙面里的洋行，国强时是每年对外贸易输入百万两白银的见证，映射着中国背后强大的工农业供给能力；国弱时则是西方列强进行倾销与掠夺的工具，暗藏着中国近代的屈辱。这里曾经有过繁荣，也曾有过落魄，它们现在都被静静地掩藏在沙面的建筑群中，没有消失，亦没有远去。

我们应当刻苦学习，在自己的专业领域有所建树，为国家社会的发展贡献一分力量；我们应坚持正确的政治方向，维护祖国的统一与国家的安全利益，坚定理想信念，不被外国分裂势力所影响、所动摇；我们既要有开放的精神，重视和世界的交流与来往，又要树立正确的价值观念，积极应对外来的威胁和挑战。自省方能自强，自强方能前行，这大概是我们身为那些受过苦难的国人的后辈所应该做的吧。

（考察组成员：刘钊瀚、俞航祺、邓宴文、段冈夫、刘芷均、程诗睿、罗雪仪、罗杰骏、赖杰绍、丁雨奇）

粤海关外换新天——大钟楼敲响命运曲

羊城，是一座充盈着历史韵味的城市，"有着两千多年对外贸易的传统。这座城市从'古之楚庭'，秦汉之际天下一都会，明代有集天下商贾之势，清代号称'金山珠海，天子南库'，到今天成为一座国际化大都市，同对外贸易的传统有密切关系。西汉的南越国、五代的南汉国之所以能够立国，对外贸易是重要的经济支柱"①。

繁华未尽，岁月有痕。在羊城，你可以时时从一事一物中感受她古往今来的光荣与梦想、责任与担当、包容与开放。然而，她也曾历经磨难与沧桑，遭受屈辱与打击。踏上或者驻守在这块土地上的人们，愿意疼爱她、保护她，但也曾有人伤害她、破坏她。无数的是是非非，皆付诸历史的长河中。而我们将乘着这艘载满"动人"故事的船只，穿行在她悠悠岁月的长河中。

听说在广州白鹅潭附近的珠江两岸，每天早晚八点整，都能听到一阵清脆的报时钟声，仿佛能把人带入历史长河，这就是粤

---

① 章文钦：《清代广东十三行与粤海关》，载《广州文博》2016 年第 1 期，第 107－125 页。

海关的百年钟声。1916 年，一座雄伟气派的"大钟楼"落成于
广州长堤，这是当年全国为数不多的大型海关建筑，也是我国现
存历史最为悠久的海关钟楼（如图 1－8 所示）。朋友们，不知
你们可曾听过粤海关大钟楼的钟声？

图 1－8　粤海关旧址大楼

　　粤海关旧址大楼是典型的古罗马式建筑风格，乳白色的麻石
制外墙的顶端刻有"粤海关"三个大字，旁边还刻有颇具时代
特色的英文字母，即意为"海关大楼"的"CVSTOM HOVSE"，
标示着其现存中国历史最悠久的海关大楼的身份。大钟楼的正南
面用 14 条花岗岩圆柱与条石镶砌而成，两侧是纵贯两层的陶立
克复合爱奥尼柱头的罗马立柱，整体显得挺拔有力。"大钟楼"
的背面则以清水红砖建造而成，砖面平坦均匀，红面白线与正面
奢华典雅的石制外墙有着明显的不同，这也为大钟楼增添了另一

番古朴含蓄的意趣。

了解粤海关的历史后才知道,它原本是清政府派驻广东来管理贸易的官方机构,后来却落入了列强之手。当抬头凝望蓝天白云映衬下的粤海关旧址大楼,看着那醒目的"粤海关"三个大字(如图1-9所示)时,感觉自己面对的是一段复杂的历史。为什么原本属于清政府的贸易机构,最终却落入他人之手?这中间究竟发生了什么?鉴于此,我们最终选取了粤海关旧址作为考察对象,来窥探中国对外贸易主权变化的原因、过程及影响。

图1-9　粤海关旧址大门

一、从"四大海关"之一到"一口通商"

清朝肇造,曾实行海禁政策。然而随着社会经济的发展,历行了20年的海禁政策后,即康熙十四年(1675)前后,禁令已有所松动，"香山澳门之陆路再准贸贩矣"①。9 年后，即康熙二十三年（1684），康熙皇帝下谕旨："向令开海贸易，谓于闽粤边海民生有益。若此二省民用充阜，财货流通，各省俱有裨益，且出海非贫民所能，富商大贾懋迁有无，薄征其税，不致累民。"②

康熙二十四年（1685）决定在粤东的澳门、福建的漳州府、浙江的宁波府、江南的云台山，分别设立粤海关、闽海关、浙海关、江海关，以这四大海关作为管理对外贸易和征收关税的处所。"其中澳门（后迁广州）是对西方国家贸易的港口。事实上与当时国际贸易运输站澳门毗邻的广州，成为最重要的贸易港口，粤海关也就是最重要的海关。"③

但与其他三关相比，粤海关的地位更为重要。这一点，可以从清政府对各海关的官员设置情况看出。粤、闽、浙、江四海关设置之时，唯独粤海关专设监督一职进行管理，而其他三海关的关务则是由省一级的地方官吏兼管的。《粤海关志》中记载："我朝厘定关权，官制有兼管、有简充。天下海关，在福建者，辖以将军；在浙江、江苏者，辖以巡抚，惟广东粤海关专设监督，诚其重任也。"④ 粤海关监督的全称是"钦命督理广东沿海等处贸易税务户部分司"。清政府初设立粤海关时，有满、汉监督各一员。但实际上，"充任监督的多是满人，而且是内务府的

---

① 姚贤镐：《中国近代对外贸易史资料（1840—1895）》（第一册），科学出版社2016 年版，第 5 页。

② 张廷玉：《清文献通考·征榷考·卷 26》。

③ 黄启臣、邓开颂：《略论粤海关的若干特殊制度及其影响》，载《广州研究》1985 年第 1 期，第 66 - 70 页。

④ 梁廷枏：《设官》，载《粤海关志·卷 7》。

成员——包衣（从龙之士的后裔）。因为包衣身属内务府上三旗，而上三旗直属皇帝本人，所以监督也就是'皇帝的直接代表'"①。

再者，粤海关设置于澳门还是广州，历来说法不一，也曾有过争论。有人说是设于澳门，有人说是设于广州，也有人说最初设于澳门，后来迁到广州。其中，认为设于广州而非澳门的理由有三：其一，澳门地方史志中并无设关的记载；其二，粤海关是以省城大关为主，它是各在粤海关的总部；其三，广州历来是华南海上对外贸易的中心口岸。选择海关总部设置地点，必然设在海上船舶运输来往丰盛之地。②

乾隆二十年（1755），英国商人洪任辉在东印度公司的指示下，带领英国商船前往宁波进行试航，希望能扩大同清朝的贸易范围，进而开辟新的贸易港口。当他们的商船抵达宁波港后，受到了地方官员与商人的热烈欢迎。更令他们感到惊喜的是，浙海关的关税比粤海关的关税要低很多，各种杂费也比广州方面所预期的少很多。因此，这也在一定程度上导致粤海关的关税收入额度锐减。当时两广总督等地方官员急忙向乾隆皇帝上书奏陈，希望禁止西洋船只前往宁波港口贸易通商。这时，本就对洋商没有好感的乾隆皇帝便通知浙海关把关税税率提高了近一倍。不料英国东印度公司仍旧不断派出商船往返宁波。由此，清政府"下令禁止外国商人到宁波、漳州、云台山三海关贸易，广州实际上

---

① 黄启臣、邓开颂：《略论粤海关的若干特殊制度及其影响》，载《广州研究》1985年第1期，第66-70页。

② 沈毅：《粤海关设置地点在广州》，载《广州研究》1987年第1期，第14页。

就成了中国当时对外贸易的唯一港口，粤海关也就成为唯一的海关"①。与此同时，清政府为了加强对外贸易的管理，还制定了专门的《防范外夷规条》。

二、粤海关与十三行之间的关系

粤海关与十三行制度起源于宋代建立的市舶制度。粤海关作为清政府派驻广东的官方机构，一方面，它直接受内务府和户部的领导；另一方面，它又领导和管理着十三行。在后人的研究中，尽管关于十三行成立的时间和数量皆有争论，但无论如何，这种行商是存在的。

据记载，粤海关通商的当年，广州商人正经营着华洋贸易，二者不分，也就是说，缺少一个专门管理或者与洋人交涉的外贸商行。随着外国的商品输入以及其对中国商品的需求，中外贸易交往日渐频繁。然而，对于此时持有"天朝上国"观念的清政府来说，还未形成与外国同等水平的外贸观念，故而对如何与外国进行贸易甚为迷茫，不知所措。

为了既能维持本国的商贸地位，又能与外国商人保持商贸上的联系，同时能便宜管理洋商务，康熙二十五年（1686）四月间，地方官员将国内的商税和海关贸易货税细化为住税和行税两种不同的类型。其中，住税的征收对象是省内内陆交易的所有落

① 黄启臣、邓开颂：《略论粤海关的若干特殊制度及其影响》，载《广州研究》1985 年第 1 期，第 66－70 页。

34

地货物,实际征收由税课司负责管理。行税的征收对象则是外来的洋贩带来的一切货物以及将要出海进行贸易的货物,实际由粤海关进行征收管理。这一做法,实际上是把国内商业税收和海关税收分开,即我们常说的常关贸易和海关贸易,也把从事国内贸易的商行和从事国外贸易的商行分开,前者被称为金丝行,后者被称为洋货行,即十三行。自此,十三行便日益成为经营对外贸易的专业商行的称谓。虽然十三行在名义上称"十三",但实际并无确切的数量。

广州十三行作为清朝官方设定的合法对外贸易集散地,不仅要代替海关来征收外国船只的各项税款,还要代替地方政府来管理这些外来商人,同时要执行处置外事的具体任务,这也因此成为清代对外贸易的重要特点。由此,最终形成了特殊的行商制度,这种制度的内容包括承商制度、揽商制度、总商制度、保商制度等。①

如前所述,粤海关实际上是"皇帝的直接代表"。可以说,在实际操作过程中,粤海关一方面担负着增加清政府财政收入的职责,另一方面要搜罗大量奇珍异宝进献给清朝皇帝及其皇室,包揽他们的玩乐爱好。这其中,十三行每年要为皇室采办外货,比如紫檀、象牙、珐琅、钟表等。"天子南库"之名即源于此。

粤海关监督作为户部的分司,将税收及一些杂项的收益每年向户部奏销。由于户部是任命海关监督的直接执行机构,因此,粤海关监督会在任期内尽力搜刮财富以巴结户部相关的重要官

---

① 余金荣:《粤海关与十三行关系研究》(硕士学位论文),广州大学 2013 年。

员，以求在任职海关监督期间得到户部的认可与支持。同时，海关监督多出身内务府包衣，这种出身决定了成为海关监督的包衣会尽力为内务府争取利益。"事实上，海关监督在为内务府采办洋货贡品呈献给皇帝这种职能中扮演了重要角色。"①

海关监督不仅为皇室网罗珍宝，在办理海关事务的过程中，也控制不住自己的贪婪欲望，中饱私囊，故而常有勒索行商之事，比如征收行商的承商费用和强制行商捐输及采办洋货等腐败行为。实际上，这也意味着会给行商带来沉重的负担。比如，备贡是行商破产的一个重要原因。英公司广州商馆档案载："保商被迫措办备贡物品，已濒于破产，我们亦不再信任他们，最近保商开官死后，负债累累，无力清偿，可以为证。"② 清代前期，中国官吏收受贿赂的陋规十分普遍。在厦门、广州、天津、澳门、北京等地，勒索现象最突出的是广州，且其对象多数为行商。

之所以出现这种情况，一是清政府的严格限制和奏销制度，让这些官员通过正规的行政途径获取的利益比较少；二是海关官员对自身没有严格的约束，为获取更高、更稳定的权力，他们必定通过非正规的手段获得更多的财富，以此巴结清政府高官。经此两点，可知这是清朝政治体制在实施过程中不可避免的漏洞陋规。

粤海关的陋规之所以屡禁不止，关键在于监督不力。粤海关

---

① 余金荣：《粤海关与十三行关系研究》（硕士学位论文），广州大学 2013 年。
② 梁嘉彬：《广东十三行考》，广东人民出版社 2009 年版，第 232 页。

监督的一头联系着清朝皇帝和朝廷重臣，另一头则联系着属下的海关官吏，是一个处在各种利益交汇点上的职位。"一个外国人如是描述由满人担任的粤海关监督职务的三年任期如何度过：'粤海关监督职务……他任内第一年的净利是用来得官，第二年的用来保官，第三年的用来辞官和充实自己的宦囊'。"① 一方面是对北京恩主的不断报效和支付维系下属官吏的大笔费用，另一方面是中饱私囊、钻营新缺，使粤海关的经济非勒索陋规便无法维持。行商制度的衰败，跟粤海关的腐败有着密切的联系（如图 1 - 10 所示）。

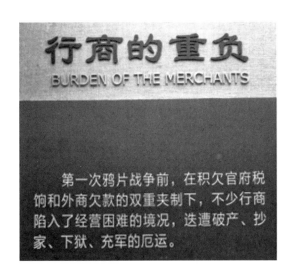

图 1-10　粤海关博物馆的展示语

① 徐瑾：《赫德们如何影响中国近代化》，载《中国经营报》2016 年 3 月 21 日。

三、从清代洋关向近代洋关的过渡

"晚清是中国历史一个重要的转折点。中国历史从古代向近代过渡；中国对外关系从与亚洲藩属国为主转变为与西方国家的关系为主；中国对外贸易从以亚洲藩属国的朝贡贸易为主转变为以西方国家的贸易为主；中国海关制度从清代洋关向近代洋关过渡。"①

在鸦片战争以前，中国的海关大权掌握在皇帝直接派遣的海关监督手中。具有官商性质的行商，是对外贸易的经营者。然而，行商制度受到外国商人的反对。以英国为首的帝国主义国家累次要求废除行商，增加口岸。这种涉及国家主权的要求，原本可以通过和平协商得以解决。然而，国弱民穷的中国，在同时面临内忧和外患的困境中，贸易主权一步步沦丧。

英国希图扩大鸦片走私，遭到中国反对，由此发动了中英鸦片战争。清政府在吃了败仗后签订了丧权辱国的中英《南京条约》，规定中国开辟五口通商，废除行商制度。

1843 年签订的中英《五口通商章程》中规定了关税的具体缴纳办法，关税均由五口的英国领事作为担保。这个章程中规定的"领事报关制"使中国的海关征税权第一次受到了外国列强的侵犯。

---

① 章文钦：《清代广东十三行与粤海关》，载《广州文博》2016 年第 1 期，第107－125 页。

在订立这些条约的过程中，暴露了清政府的软弱和无知。在议定条约之前，英国代表璞鼎查提出割让香港和自由通商二事，由中国任择其一。

清政府的钦差大臣耆英，竟认为香港"乃不毛之地""弃之不足惜""通商章程亦无关重要"。[①] 他只争北京不驻外国公使和赔款数目的多少。在英国的武力胁迫下，他就匆促地签订了《南京条约》并割让了香港岛。英国人发难于先，美、法继起于后，以这个丧权辱国的《南京条约》为开端，迫使清政府相继订立了一系列不平等条约。这些条约，除割地赔款、开放通商口岸，并给予列强领事裁判权、片面最惠国待遇和与内地通商、于内河航行等特权外，大部分条款都与夺取关税自主权和侵犯海关行政权有直接关系。从此，我国海关除继续为封建统治者服务外，还开始转变为受西方列强控制的半殖民地半封建性质的海关。

1853年9月，上海小刀会起义，以响应太平天国运动。他们占领了上海县城和江海关，也由此改变了江海关的命运。时任苏松太道并兼海关监督的吴健彰逃到了租界内，这也导致海关工作的停顿，外商因此拒绝缴纳关税。在这种情况下，英国驻上海领事阿礼国立即串通外商，实行了"领事代征制度"。吴健彰无奈，在清政府的同意下，找了英、法、美三国领事会商，议定通过了八条办法。

---

① 安介生：《中国古代边疆意识的形成与发展：基于历代王朝边疆争议的分析》，载《社会科学》2013年第3期，第130–139页。

由于西方列强在上海开创了中国最早的海关延聘洋员管理的制度，他们就企望将其以条约的形式固定下来，并向全中国推广。随后，第二次鸦片战争爆发，1858 年清政府被迫与英、美、法签订了《天津条约》，并在该条约的附约中签订了《通商章程善后条约》。其中规定："任凭总理大臣邀请英（美、法）人帮办税务""各口划一办理"。而"广州因为连年遭受战争，加上外商逃税，粤海关解交北京的税收定额大幅度下降到了 18 万银两。两广总督和粤海关监督明白，要增加税收非有外国人'合作'不可。撰写《中国关税沿革史》和《赫德和中国海关》两书的海关税务司魏尔特说：总督和监督两人合计'邀请他们所亲切认识和相信得过的广州领事馆青年翻译官赫德，仿照上海李泰国所主持的那个海关的办法，在广州也设立一个同样的海关'"。李泰国来到广州后，他按照上海模式，改组了粤海关。而我们所熟知的总税务司赫德，此时担任了粤海关副税务司，但"实际上赫德就掌握了粤海关全权"。① 从此，粤海关的主权不再掌握在清政府手里了，它的整个行政系统及办事班子，已然焕然一新。

四、结语

清政府曾以为自己是"天朝上国"，殊不知这种傲慢的姿态，终是受到了西方现代文明的刺激与"惩罚"。西方列强通过

---

① 陈霞飞、蔡渭洲：《海关史话》，社会科学文献出版社 2012 年版，第 7－12 页。

鸦片战争打开了中国的国门，与清政府签订了一系列条约使其丧权失地，最后掠夺了清政府原有的"财富中心"，并在中国建立起一套新的海关运作体系。

可以说，"中国海关到1874年以后，属于自身建设，已经相当完备。也就是说，英国人已经牢牢地拿稳中国国门的钥匙"。近代以来的海关，对中国来说，是一种丧失主权的标志。然而，在外国人眼中，粤海关有着极其重要的战略地位。英国人卜鲁斯曾简而扼之"总税务司的利益就是英国在华的主要利益"，赫德则说得更明白，"英国在华利益，海关占大部分"，而额尔金设想的中国海关，远不止"帮办税务"，他甚至已经明确它是"英国对华关系的基石"。[①]

这套由洋人建立起来的海关体系，贯穿了整个中国近代史。对我们来说，或许总是忍不住去谴责清政府的腐败无能，认为其连自己国家的领土、财富、主权等都无法牢握在手里。但是，落后就要挨打。之后的历史事实告诉我们，为了拿回属于我们自己的主权和领土，无数先辈们为之付出了无尽的心血。

如今，置身于历史旧址中，迫不及待地想在脑海中梳理出所有关于粤海关的故事。粤海关旧址、中国邮政博物馆、广州十三行博物馆……沿着沙面一路探访，沿江西路旁具有欧陆风情的建筑连成一片，共同成为近代史与租界史的见证。物流货运中心的推车来来往往，电子通信商城的店铺商贾云集，在几个世纪后的今天，商贸中心的昔日气息仍然延绵在辚辚不绝的车轮声中、延

[①] 陈霞飞、蔡渭洲：《海关史话》，社会科学文献出版社2012年版，第39－40页。

绵在璀璨的展柜灯光下，不觉让人颇有时光流转的慨叹。

广州这座城市给人的感觉，不同于同以商业闻名的深圳。广州拥有典型现代都市承办高规格商贸活动的绝对实力，与此同时，还比深圳多了一分恬然自若的静气。这大抵就是历史文化积淀的结果吧。百年来，在这片土地上，生活与商市没有断然分离，而是悄然找到了契合的交融点——北京路繁华的仰忠汇商城就坐落在稍显老旧的生活楼区旁，却丝毫不让人觉得突兀；夜宵美食琳琅满目，以及占满小吃街的摊位，也不影响广交会（中国进出口商品交易会）、海博会（中国海洋经济博览会）的承办。生活包容商市，商市即生活。

在这次调查之初，我不曾了解赫德其人。当问解说员，"在众多的历史人物中，你印象最深的是哪位？"解说员亲切地回应"赫德——总税务司罗伯特·赫德，他于1863年至1911年任职，他为中国海关制定了一套完整的管理体系，有些条例至今依然被中国海关参照使用呢"。我想，对于赫德，或者是更多如赫德一样的海关税务司，如何去评论他们，历史自有公论。

以往不曾想到粤海关竟会与如此多自己熟识的历史有着密切的联系。在深入了解的过程中，就好似突然有了一根绳线，从细微处将机械背诵的史实串联了起来。晚清内部积重难返的弊病和外国列强代理人的精明手段，加深了我对海关近代史的理性认识。

应该说，中国社会的发展有自己的独特规律，走向现代化是中国前进路程的历史必然。但是，驱逐一切侵略者是发展的前提。收回中国海关主权，是驱逐帝国主义侵略者的斗争中的重要一环，也是中国实现现代化发展的重要前提之一。

西方学者有关"现代化"的一般论断，即"不平等条约时代是（中国）现代化进程的一部分"的说法是站不住脚的。

作为当代中国青年，我们应以史为鉴，投身于新时代中国特色社会主义事业，投身于党和人民在中国特色社会主义新时代的伟大奋斗。接过先贤的火炬，我们要以勇于担当、独立自由之精神，做新时代的奋进者、开拓者、奉献者！

（考察组成员：伏嘉润）

历史英雄斗争地——三元里的霹雳弦惊

三元里在哪里？它在贵谷子的诗里，堪称"英雄斗争地"。

> 羊城仰风景，南国多碧煦。
> 毓灵望越秀，舒卷松涛前。
> 振臂举雷霆，记载史记中。
> 英雄斗争地，俯慕三元里。

电影《林则徐》中曾呈现三元里人民抗英斗争的片段：当三元里人民得知英兵将要入侵三元里的消息时，他们相约集合于三元里古庙，两膝跪地，双手合十，面对北帝像，共同祈祷。瞬间，怒气汇聚成一股强大的力量。他们继而起身，齐点火把，并以庙中"三星旗"作为指挥战斗的令旗，准备共同战斗，誓师抗英。火把点燃了三元里人民与英兵抗争的熊熊烈火，而舞动的"三星旗"则凝聚了三元里人民与英兵抵抗的斗志。

三元里在哪里？它在我们的课本里。谈起鸦片战争，你一定还记得当年历史课本里的"三元里抗英"事件，一定曾在我们的试题卷中毫不犹豫地写下"三元里抗英斗争是中国近代史上中国人民第一次自发的大规模的反侵略武装斗争，表现了中国人民不甘屈服和敢于斗争的英雄气概"的答案。因此，不论是影视里的三元里，还是课本里、试题卷里的三元里，都展现出三元里人民的爱国主义和民族主义情怀。

当我们在阅读史料的基础上深入考察三元里之后，脑海中一直萦绕着一个问题，即如何看待三元里的历史和当下。这个问题，对于一直生活在广州的人来说，大家心中或许早有认知，但对于只能从书本上知道三元里的人来说，实地考察不失为一种全面且深入地了解三元里的有效途径和方法。

一、前期了解

（一）因"战"而名——三元里抗英斗争

后人曾给予三元里抗英斗争非常高的评价，认为"三元里抗英斗争是中国近代人民群众自发地反抗外国侵略者的一次斗争，彰显了中国人民不甘屈辱和敢于斗争的英雄气概"，可谓"一战成名"。从此，三元里抗英事件被载入史册，其爱国主义精神亦被世代弘扬。

众所周知，三元里抗英斗争的前奏是林则徐领导的硝烟运动。鸦片战争前，英国向中国输入了大量鸦片，使清政府面临严重的财政危机，更使社会风气败坏，人们的身心受到严重的摧残。1839 年，林则徐在广东东莞虎门集中销毁鸦片。中国的禁烟运动打击了英国的非法利益，于是，英国统治者愤怒地发动了第一次鸦片战争。

正是基于这样的历史背景，英军乘势攻陷了广州城炮台，进至三元里，并在村庄行恶。诸般劣迹，引得广大民众义愤填膺，各地团练也愤而抵抗。三元里民众集合于三元古庙，随后，番禺等地的团练也闻讯加入。他们联合起来，共同应对来袭的英军，与英军在大雨中展开了一场殊死搏斗。最终，三元里抗英斗争终以三元里一带一百零三乡人民群众的胜利而结束。

（二）社会问卷调查——人们心目中的三元里

针对三元里近现代以来的变迁，我们特意做了一个问卷调查（如图 1 - 11 所示）。

该问卷调查主要面向大学生，也有小部分已工作的人士。由调查问卷结果可知，大部分人了解三元里抗英斗争的历史，并因此知道了三元里。然而，现在许多人对三元里的印象不止于其是历史遗迹，还是国内领先的大型皮革市场以及地铁站等。可见，随着时代和社会的变迁，人们对三元里的认识也随之丰富。三元里在历史变迁中，究竟经历了什么呢？

第1题：请问你是怎样首次知道三元里这个地方的？ [单选题]

选项	小计	比例	
历史书——三元里抗英斗争	96		66.21%
父母、亲戚讲说	2		1.38%
广州地铁、公交等播报	5		3.45%
作为著名大型皮革、化妆品、音响市场声名远扬	3		2.07%
作为著名旅游景点声名远扬	7		4.83%
其他 [详细]	6		4.14%
从未了解、闻所未闻	26		17.93%
本题有效填写人次	145		

第2题：现在一提到三元里，你的第一印象是什么？ [单选题]

选项	小计	比例	
历史缅怀、纪念地	89		61.38%
大型皮革、化妆品、音响市场	3		2.07%
黑人聚集地	7		4.83%
旅游景点	5		3.45%
广州某个地铁、公交站	13		8.97%
其他 [详细]	4		2.76%
从未了解、闻所未闻	24		16.55%
本题有效填写人次	145		

第3题：请问现在你对三元里有哪些印象 [多选题]

选项	小计	比例	
历史缅怀、纪念地	98		67.59%
大型皮革、化妆品、音响市场	19		13.1%
黑人聚集地	16		11.03%
旅游景点	46		31.72%
广州某个地铁、公交站	47		32.41%
其他 [详细]	6		4.14%
从未了解、闻所未闻	27		18.62%
本题有效填写人次	145		

图1-11　部分社会调查结果

二、实地调研

自鸦片战争到现在，三元里的风貌无疑发生了巨大变化（如图1-12所示）。

图1-12　三元里村牌坊

当时古朴的小村庄如今已然成为广州一个重要且繁荣的经济贸易区——三元里的皮具、化妆品、音响已成为当地的三大名牌产品，尤其是皮具市场，当地流行的说法是，"世界皮具看中国，中国皮具看广州，广州皮具看三元里"，三元里已成为中国皮具市场的风向标。当时村民们奋勇抵御外敌、誓死保卫家乡的地方也经过修整重建，呈现出了焕然一新的面貌。三元古庙历史悠久，如今也保存得比较完整，可供后人参观学习（如图1-13所示）。

图1-13　三元古庙旧照

当年面对英军的烧杀抢劫，广大民众义愤填膺，各地团练共同抵抗，民众对外国入侵者可谓恨之入骨。平英团在三元里的慷慨义举，是令当时村民热血沸腾的话题。而如今，三元里抗英斗争纪念公园里耸立着庄严的纪念碑，碑前一群孩子在玩耍，大人们则坐在台阶上漫谈（如图 1 – 14 所示）；一条名为"抗英大街"的街道两旁是琳琅满目的商店与小吃馆，似乎看不出这里的喧闹生活与曾经的抗英历史有多大关联（如图 1 – 15 所示）。

图 1 –14　三元里抗英斗争纪念公园

图 1 –15　抗英大街

在三元古庙中，我们发现了一个令人感到惊奇却又在意料之中的东西——一部安装在三元古庙中的 3D 游览模拟机，只要手指轻轻地在屏幕上滑动，就能看到整个三元古庙的景观，放大可看细节，缩小可看全景，令人陶醉其中。看着三元里当年遗留下来的照片或图片，不由得感叹世事变迁。

三元里民众抗英时用的武器还是简陋的兵器，有的甚至操起农具就冲向敌人。那时中国由于闭关锁国而落后于已完成第一次工业革命的英国。如今，随着我国经济的发展与综合素质的提高，发展高科技已成为我国重要的发展方向。从三元里人民抗英纪念馆中可见一斑，馆中应用了模拟导览技术，游客只要轻轻触屏，即可看到不同博物馆里的展品，为游客提供了方便快捷而又身临其境的游览体验。

三元里是许多外地人初到广州的居住地，见证着无数新广州人的彷徨和成长。三元里具有地理优势和相对低廉的租金，吸引了许多外来务工人员。许多人怀揣着梦想来到广州，落脚的第一处却是没有城市光鲜外衣的三元里村。或许它不是人们理想中的广州，但却是许多人成为新广州人难以越过的一个地方。

许多来这里打拼的新城市人，白天在广州 CBD 上班，下班之后就要经过一些狭小的街道回到三元里。和广州的其他城中村一样，这里也有着密密麻麻的握手楼，杂乱的电线把小巷中唯一能看到的天空也挡住了。所以，即使是白天，也很难有阳光照到楼里。然而，即使没有阳光的照射，生活在楼里的拼搏者却仍然心怀梦想。三元里是一个充满矛盾的地方，破旧的环境与美好的希望共存。

三元里是一部分人梦想开始的地方，毕竟这里较为艰苦的环境，也是激励人们通过奋斗去到更好的环境的动力。但是这些人只要事业有所发展，很快就会搬离这里，所以三元里的人口流动性很大，到处可见粘贴在墙上的房屋出租、转租广告。

三元里附近有许多皮具批发市场，所以上下班时段道路通常十分拥堵。三元里的道路建设规划已经跟不上车流量的发展，高峰期的三元里大道往往大排长龙，广州的出租车司机在高峰期也都是绕开三元里大道而不愿与之发生"正面冲突"。

三元里也有其特别的优点。正因在此居住的大部分人都是刚到广州的打拼者，所以彼此之间会多一些惺惺相惜的感情，久居的街坊也热心地为这些年轻人提供温暖。在这里，你能感受到每个人都在为生活而努力。比起高冷的 CBD，这里处处充满着生活的气息。这几年，白云区也加强了对三元里的管理，包括居住环境不断改善、安保人员不断增加、安保设施不断完善、巡查力度不断加强，使三元里人民的安全感得到提升。加强安保工作的同时，三元里的清洁工作也不断提升，街道变得越来越整洁。近年来，三元里也在不断进行改造，整个村落的面貌都得到了改善。

三元里在近现代发生了巨大的变化，这是社会变迁也是历史发展的结果。面对如今的三元里，我们可以很明显地看到，新的街道面貌、新的社会风气、新的生活方式已然慢慢占据了这里，现在的三元里越发呈现出繁荣的面貌。

三、几点认知

（一）对三元里事件的历史性认知

三元里抗英发生于第一次鸦片战争清政府与英军谈判期间，英军在三元里开棺暴骨、抢掠财物、强奸妇女的恶劣行径激怒了当地人民，百姓们奋起反抗，并与英军展开了激烈斗争。实际上，这次事件只是有一定规模、发生在局部地区的人民反抗行动，英军的伤亡人数也有多种说法，但有一点可以肯定的是，三元里抗英并没有造成英军的大量伤亡。由此看来，三元里抗英事件对英军从广东一带侵略中国的战局影响有限。

从精神层面进行讨论，第一次鸦片战争失败后，近代中国的民族意识初步觉醒，有识之士如林则徐、魏源开始寻求救国之道，那么三元里抗英事件是否就是民族意识觉醒与爱国主义精神的体现呢？首先从反抗百姓的身份来看，一方面是以何玉成、王韶光等为代表的领导者与骨干人物。这些人大多属于士绅阶层，他们接受过儒家文化的熏陶，有"修身、齐家、治国、平天下"的理想，在看到百姓自发组织反抗英军后，他们积极响应并号召更多的人参与，从何玉成《团练乡勇驻扎四方炮台等处纪事》一诗中的"少壮争御侮，老弱同赍粮"可以粗略地看出这些抗英积极分子保卫家园的炽热感情与爱国意识。另一方面则是参与抗英事件的普通百姓，他们以壮丁为主，自发组成乡勇与团练。这些民众反抗英军主要是因为自身与家庭的利益受到了损害，于是开始组织反抗行动。从整个中国来看，这段时期，虽然中国的大门被初步打开，但普通民众仍生活在相对封闭的社会中，封建思想依旧统治着人们，可以说大部分中国百姓仍处于没有"国家"概念的阶段，百姓的民族意识尚未觉醒。从某种程度上来说，民众的抗英行动更多是出自根深蒂固的宗族观念。从"三元里村民在三元古庙集合""联合附近一百零三乡"等事件经过可以看出，民众的反抗是建立在宗族武装基础上的，因为血缘和地缘的关系，人们联手共同抵抗外来势力的入侵。

总的来说，三元里抗英事件是民众不畏强暴、勇于反抗的体现，已上历史教科书的抗英人民不袖手旁观、不甘于被外敌欺凌的品质，到今天仍然值得称道。现在，三元里抗英事件已成为宣扬爱国主义精神的鲜明旗帜。如今的人们正需要以这种炽热的爱国主义情怀为激励，大步迈向未来。

（二）对三元里现实变化的认知

三元里，位于中国著名的商业城市——广州。广州在鸦片战争前即作为唯一开放贸易的港口设立了广州十三行，在鸦片战争后又因《南京条约》成为被迫开放的五个通商口岸之一。作为当时中国的一大门户，广州吸引了大量的海内外商人，成为当时中国最开放的城市之一。

除此之外，随着学习西方资本主义技术、制度和思想等浪潮的发展，中国在侵略与反侵略中走上了近代化的道路。西方先进的技术、先进的交通工具等，逐渐改变了三元里的风貌。

新中国成立后，我国的国民经济得到了恢复与发展。改革开放以后，广东作为改革开放的前沿地，抓住了时代的先机。改革开放的政策使广东吸引了大量的海外企业进驻。本就有着坚实的商业基础和极其优越的地理位置，再加上优惠政策、廉价劳动力等优势，毫无意外地，制造业在改革开放后的广州迅速崛起。借着这股"东风"，三元里迅速成长为一个巨大的皮革市场。在三元里的皮革市场中，皮革产品物美价廉，自然具有强大的竞争力和吸引力，其中不乏许多外国商人前来选购。

广州，作为对外贸易的窗口，由于历史与现实的原因，外籍人士众多。他们往往以贸易经商为生，大多聚集于三元里等地。我们常常能看见他们背着装满皮革鞋具的黑色袋子，穿梭于三元里的每一条街道。

位于广州的三元里，厚重的历史背景也藏不住它的商业气息。在三元里村的抗英大街上，除了穿梭往来的采购者们，我们还可以看到在红色纪念古楼下经营得如火如荼的商铺和形色各异的店面里熙熙攘攘的人群。这样的场景与当年三元里抗英斗争时期的旧照，形成了鲜明的对比。

在时代变迁中，交通工具、工程建造技术也在不断地向前推进，立交桥、高速公路、地铁多维交错，与行人、汽车、店面共同营造了一个车水马龙的三元里世界。三元里历经一百多年的变迁，从小村庄发展成为都市繁华之地，这种巨大的变化，是我国现代城市快速发展的缩影。

今天，三元里在皮具制造方面扬名中外，与三元古庙相邻的大型皮革市场吸引着大量人潮，五湖四海的批发商来到这里，为三元里增添了经济活力。三元里紧跟时代的潮流，为自己的发展找到了定位，成为皮具的重要流转地，与广州的轻工业发展相适应。无疑，这给当地人民提供了大量的就业机会与更好的生活条件。

在抓经济建设的同时，当地也很重视对历史文物的保护以及古迹的修缮工作，三元古庙中展示的抗英期间的部分文物，如三元里民众的讨英檄文、林则徐的手书、英军的子弹等，可以从中一窥当时抗英人民的浩大行动。古庙里对鸦片战争的介绍与相关的禁毒宣传也体现出历史遗址不仅是历史的呈现，而且担负着给现代社会带来启迪的责任，能够引发人们的深思。我们在做调研的时候，看到有人来到古庙参观的同时也认真地阅读了禁毒宣传，这说明这些宣传并没有被人们忽视，能够发挥一定的作用。

除了古迹的修缮，市政府还将三元里抗英斗争纪念公园作为爱国主义教育基地，为英勇的抗英民众立了纪念碑。虽然纪念公园如今成了公共的休闲娱乐场所，但是它也为缅怀三元里抗英事件提供了良好的环境。最为重要的是，如果孩子们在纪念公园玩乐的时候，能够受到历史相关的教育，增进对抗英历史乃至中国近代史的了解，点燃其爱国热情，这是再好不过的事情了。不仅仅为了缅怀过去，更是为了面向未来，这便是纪念公园建造的意义所在。

在三元里抗英大街，我们看到了历史与现代商业的有机结合。步行街在经过了一番翻修之后，整洁干净，既有历史建筑的特点，又有现代城市商业的典型风貌。而街道旁栩栩如生的抗英浮雕又在无形中提醒着人们，这里曾经发生过抗击侵略的英勇行动。历史与现代融合，可以说是纪念三元里抗英事件的独特方式。

四、结语

在探访三元里的过程中，我们看到了很多意料之外却又在情理之中的事物：井井有条的格局、熙熙攘攘的街道、形形色色的售场、匆匆忙忙的路人……无不让人感叹世事变迁。

翻阅中外历史文献，我们发现，关于三元里抗英事件存在很多有争议的地方，但是这些争议也无法掩盖历史事件所具有的重大意义，以及其中蕴含的爱国主义精神。一百多年前，这是民众们流血的地方，一百多年后，这是民众们富足的地方。纪念碑变成了休闲之地，街道混杂着皮革与小吃的味道，过往的历史，过去的遗迹，前人的精神，先人的文化，都在城市化中被慢慢冲淡。

我们不禁思考，皮革制造业的进入对于老城的发展作用是否正面？十多年前，三元里皮革市场的兴起带来的繁荣我们有目共睹，致使很多人都忽视了这种发展产生的负面影响。随着多年的变化，皮革制造业在整个广东逐渐没落，其带来的环境污染，以及长期以来难以处理的大量工厂废物，一方面限制着三元里的发展，一方面又蚕食着三元里的历史文化。三元里将何去何从？

人总是要向前看的，一个古老的地方也是如此。无论它有多么浓厚的历史气息，也难免被卷入商业化的现代洪流。例如，喧闹嘈杂的丽江古城、遍地兜售的"皇家"园林，虽煞了风景，但也为文物的修缮提供了资金来源，向民众们多灌输了一些历史知识。更何况，人们的生活状况能够变好，国家能够变得强大，这不正是前人对后世的期许吗？我们只是沿着先辈们所努力的方向一直走下去罢了。

所以，我们无法简单地评价这种商业化、城市化、现代化所带来的影响。在探访过程中，这种发展的两面性使我们百味杂陈。只希望在裹上商业的外衣后，那些历史文化气息，无论是三元里的，还是其他遗迹的，都能随着缕缕清风传扬千年，而不是被世人所遗忘。因为那份珍贵的民族精神，无论是在过去还是在现在，依旧熠熠生辉，值得我们去尊重、去守护。

文化，我们要坚守！发展，我们要推动！在对三元里的调研过程中，我们将现在的城市风貌与历史资料进行了对比，看到了当地的巨大变迁；在参观有关抗英事件的纪念地点时，我们也加深了对抗英事件的了解，对当时不畏强暴、勇于抵抗外来侵略的民众心生敬意。我们希望这段斗争历史不会被人遗忘，也希望三元里能够保持它的富足，更希望三元里在过去、现在与未来的交汇点上，能平衡历史的印记与经济的增长，得到更好的发展。

（考察组成员：张芷璇、蔡文婕、刘冰恋）

书生报国方其时——万木草堂的读书声

万木草堂创建于 1891 年，位于广州市中山四路长兴里，原为建于 1804 年的邱氏书室，为三间三进、两天井、硬山顶的祠堂式建筑（如图 1-16 所示）。该建筑碌灰筒瓦，两边保留有部分灰塑，青砖墙石脚，砖木结构，面阔三间 15.8 米，深三进 35.3 米，面积约为 663 平方米；头门面阔三间 15.8 米，门额上刻有"邱氏书室"四字，进深三间约 5 米共十二架；中堂面阔三间，进深约三间 8.5 米共十五架，石檐柱，木金柱，穿斗式梁架；后堂面阔三间，进深三间约 9 米共十八架，前带两廊。1892 年，万木草堂迁至卫边街的邝氏宗祠（今广卫路附近）。1893 年，因来学者众，遂迁至广府学宫仰高祠（今文明路广州市第一工人文化宫内）。习惯上，人们将康有为在这三址所办的学堂统称为"万木草堂"。这里一直被史学家视作戊戌变法的策源地，其占地虽小，但在中国历史上却拥有很高的地位。

图 1-16　邱氏书室

一、西学入粤促维新

广东因其特殊的地理位置和人文环境，是近代以来西学东渐的首播之地，也是中西文化交流与碰撞的地方。

因鸦片在广州、东莞等地适销，清政府面临白银外流、国库空虚的窘境，人民陷于水深火热之中，社会亦充斥着乌烟瘴气。为整饬粤省鸦片泛滥之风气，1838 年 12 月，林则徐奉命赴广州查禁鸦片。为增进对西方的了解，林则徐在广州设译馆，翻译外国书籍。林则徐所译有《华事夷言》《四洲志》等，其中《四洲志》是由林则徐主持编译的一部世界地理著作。书中简要叙述了世界四大洲（亚洲、欧洲、非洲、美洲）30 多个国家的地理、历史和政治状况，是近代中国第一部相对完整、比较系统的世界地理志书，成为国人了解西方的重要著述。

从 19 世纪 60 年代开始，一批具有早期维新思想的知识分子先后在粤著书立说，主张学习西方的先进技术和国家制度，力倡变法图强，并促成粤省学习西学的风气。同时，西学教育在广州逐渐形成规模，开启了民智，并推动了维新思想的产生和发展。

粤省以及来粤的人逐渐接触到一些翻译出来的西方著作，并开始学习、宣传西方思想文化。由此，西学的种子在他们的心中生根发芽。花县（今广州市花都区）洪仁玕于 1853—1858 年在香港工作，由此接触了西方科技文化，其所著《资政新篇》是中国近代史上第一部具有资本主义性质的纲领性文件。19 世纪六七十年代，随着洋务运动的兴起和发展，一批具有早期维新思想的知识分子开始主张学习西方先进的政治以及文化制度，试图通过改良走向资本主义。王韬早年游学广州，了解了相关西学知识。香山（今中山市）人郑观应早年接触过西方思想，所著《易言》撰写于 1880 年，书中体现了提倡制度变革以及发展工商业的思想；该书后来易名为我们今天熟知的《盛世危言》，并于 1893 年刊行；时人对该著作评价极高，认为它是"医国之灵枢金匮"，张之洞曾称其"上而以此辅世，可为良药之方；下而以此储才，可作金针之度"①。顺德梁廷枏是岭南地区"睁眼看世界"的先驱之一，其著作丰厚，先后撰有《广东海防汇览》《粤海关志》《海国四说》《夷氛闻记》等，诸书以"筹海防夷"为目的，宣传爱国思想，并介绍有关西方的情况。除了著书，一

---

① 陈国庆：《郑观应：〈盛世危言〉，思想永存》，载《金融博览》2017 年第 12 期，第 68 – 71 页。

些介绍西方国情的报纸期刊也在影响着人们的思想。新会人伍廷芳是著名的外交家和法学家，其于 1860 年和 1874 年先后参与创办了《中外新报》和《循环日报》，宣传自由主义思想。

不仅如此，粤人还出国学习西方文化。香山容闳受到了耶鲁大学的教育熏陶。毕业后，容闳怀着"以西方之学术，灌输于中国，使中国日趋于文明富强之境"的心愿回国。回国后，他又发起中国幼童留美计划。在曾国藩、李鸿章等人的支持下，于 1872—1875 年，先后组织四批共 120 名幼童赴美留学，其中来自广东的就有 84 名，来自广州的有 23 人。

新式学堂的兴起，是西学传入粤省的另一重要途径。19 世纪 60 年代，一些开设西学课程的新式学堂在广州兴起。1864 年，清政府在广州创办了同文馆，以培养翻译人才。1882 年，两广总督张树声在黄埔创办了广东实学馆，开设中文、教学、英文等课程，并聘外国教员教授驾驶、制造等技艺。1884 年，张之洞将其改名为广东博学馆。1884—1889 年，张之洞大力发展广东教育，提倡新学，兴办了广东水陆师学堂。

外国教会教育也逐渐在广州形成规模，先后创办了真光书院、培英书院、培正书院、格致书院等一批西式学校，开设西式课程，推进了西学在广东的传播。

二、万木草堂开新派

在西学传播不断扩大和早期维新派变法思想的影响下，1874 年，出身传统理学世家的康有为逐渐受到了西学东渐的影响，开始研读《瀛寰志略》《海国图志》及利玛窦、艾儒略、徐光启等人所译的西书。通过阅读《西国近事汇编》等介绍西学的书籍，康有为开始接触近代维新政治思潮，了解西方的文物制度和政治习惯。在初游香港后，由于受到国土沦丧的刺激，康有为深刻意识到"西人治国有法度，不得以古旧之夷狄视之"。1882年，康有为赴京考试，南归途经上海，见租界之繁盛，"益知西人治术有本"，于是购买了大批江南制造总局翻译馆出版的译书及美国传教士林乐知主编的《万国公报》，继续研读西学。

康有为不仅仅是为了学习西方的文化制度，更是从中汲取西方新的思想，尝试打破旧有文化的禁锢，为变法图强寻找思想武器。由此，康有为开始有一些变法的尝试。1883年，康有为在家乡创立不裹足会，撰有《戒缠足文》，这是其主张西学的最初实践。在钻研西学的基础上，康有为先后撰写了《万身公法书籍目录提要》《实理公法全书》《康子内外篇》等著述，开始酝酿变法维新思想。1888年，康有为又利用赴京应顺天府乡试的机会，第一次向光绪皇帝上书，提出"变成法""通下情""慎左右"的主张，请求清政府变法图强，但这一次上书皇帝并未看到。

康有为从京失意而归之后，醒悟到"以国民之愚，而人才之乏也。非别制造新国之才，不足以救国，乃决归讲学于粤城。"① 1890年春，康有为回到广州，撰成《婆罗门教考》等一系列著作，鲜明地举起了托古改制的旗帜。1890年夏，康有为

---

① 黄晶：《康有为传》，京华出版社2002年版，第81页。

迁入曾祖父在广州的祖屋云衢书屋。然国难当头，岭南学人多有以学报国之志，但始终在四经五书中皓首，并不知何为救国之路。"康有为 1888 年上书皇帝虽不达，但他的名气却因此而渐渐传开了，当他回居广州后，1890 年间，陈千秋、梁启超这两位才华横溢的年轻士子，先后慕名往访，相见交谈之后，他们对于康氏的渊博知识，以及他的那些'非常异义可怪之论'，都极大地被折服并为其所吸引，做了他的拜门弟子。"① 1891 年，康有为在弟子陈千秋、梁启超的协助下，租借广州长兴里邱氏书室创办了长兴学社，正式设堂讲学。之后两迁堂址，1893 年冬，长兴学社正式更名为"万木草堂"。

康有为亲自担任万木草堂的总教授、总监督，并从早入学的弟子中选拔优秀者担任学长。梁启超、陈千秋、徐勤等人成为康有为的得意门生，均担任过学长。陈、梁两位不仅仅自己求学于万木草堂，更引亲荐友前来拜学。在甄选学生之时，康有为没有采取传统的考试之法，而是采用一种类似于面试的选取方法，亲自与学生交谈，以察其向，取志同道合者收为徒。正是由于这一独特的招生方法的实施，万木草堂集合了一大批拥有改良救国的初期维新思想的岭南士人。这批士人在万木草堂广泛阅读和学习。康有为办学坚持中西并重的原则，设置了义理之学（孔学、佛学）、经世之学（中外政治等）、考据之学（中外史学）、文字之学（中外语言文字学），还有校中校外学科（演说、体操、游

---

① 李明：《万木森森散万花：万木草堂初探》，载《暨南学报》（哲学社会科学版）1984 年第 2 期，第 19 – 25 页。

历）等。① 并取万国以比较，介绍中国数千年来的学术流变历史、政治沿革得失，以此宣传维新思想。康有为所讲以及万木草堂所开设的课程，激发了诸多弟子的学习兴趣。

为引导弟子入门，康有为亲自拟定了必读书目，比如徐寿、严复、容闳以及传教士傅兰雅、李提摩太等人的著作、译著及杂志，皆为草堂学子必读书籍。康有为让学生们在读书时写下心得体悟，记下疑问，并亲自解答。但在万木草堂，学生们并非接受传统填鸭式的学堂教育，而是在学长制下，自主地学习中外知识与思想。康有为在教学方法上，因材施教，重在引导和启发学生思考；提倡自由争鸣，敢于质疑和批判，并鼓励弟子踊跃演讲和辩论。梁启超、陈千秋等人曾联系广州各书院学子组织"辅仁精庐"，作为辩论之所。

康有为时常教育弟子应经世致用、投身实践，以图挽救时变。他常常带领弟子出游，让学生亲自在学海堂、红棉草堂、镇海楼、菊坡精舍等处感受厚重的历史和领悟学人的气质。在这一过程中，不仅学生能够获得具有维新倾向的解答，康有为也能从学生的体悟和问题中获得灵感，立足于实践，发展维新思想。事实上，这一教学相长的过程，也是学生参与维新思想创立与实践的过程。陈千秋就在康有为的鼓励下，回乡办团练，力倡改革，为乡民称颂。

此外，康有为还让学生参与维新著作的编撰。正是在这一系

---

① 马宇：《中国近代万木草堂办学特点及其对现代学校管理的启示》，载《教书育人（高教论坛）》2009 年第 1 期，第 17 – 18 页。

列极具创新性的教学活动中，万木草堂的学生由内而外地生发出维新思想，成为维新运动的忠实拥护者和骨干力量。可以说，康有为在万木草堂的独特教学使学生也成为维新思想的创造者之一，且他们的维新思想是由内而外地生发，而非单纯地接受。

万木草堂培养出的维新人才思想牢固，是真正的维新顶梁柱。我们认为万木草堂的巨大成就离不开它独特的办学模式，其以"仁、智、勇"三大人格素质入手，注重对人本身的培养，而非仅为知识的传授。其一，在招生方式上。万木草堂采用面试法，不拘学生性别年龄，只考其志趣，继承了"道不同，不相为谋"的传统。同时，学长制、蓄德录的应用，一则加强了学生的自我管理和自我教育，二则鼓励了学生的相互学习、互相交流，这不仅培养了学生的德行，更加深了学生对学术思想的理解。其二，在教学方式上。万木草堂的教学方法遵循思想形成的一般规律。教学三环节（讲学、读书、考察）极其突出学生的主体性，是自学与师教的有机结合，真正教学生如何学习，培养了学生的学术能力。因此，从人才、思想、教学等方面考察，我们称万木草堂为维新运动的策源地丝毫也不为过。

三、康门师生行变法

万木草堂英才济济，面对甲午战败带来的民族危机以及清王朝遭受各列强国瓜分的惨痛现状，他们在恩师康有为的指引下，力求"风声雨声读书声，声声入耳；家事国事天下事，事事关心"，最终将内心蕴藏的那股以维新变法挽救时局的暗流推向高潮。

1895 年，康有为与梁启超等赴京参加会试。此间，康门弟子听闻《马关条约》签订的消息，视之为国之屈辱，心中的爱国之火随即被点燃。他们不仅通过作朝试和殿试策，直言时事，主张变法，而且联合各省举人，策划联名上书，请求光绪皇帝"拒和、迁都、变法"，史称"公车上书"，这意味着维新思想开始转变为社会政治运动。从 1895 年开始，康有为连同其他学子不断上书光绪帝，提出富国、养民、教士、练兵以及开设议院等变法主张。

除不断上书外，康门师生在争取自上而下政治改革的同时，还积极组织学会和创办报刊，为维新变法制造舆论。1895 年 8 月，《万国公报》创办于北京，同年 12 月改名为《中外纪闻》，由梁启超、麦孟华担任主笔，发表针砭时弊之文；同年 9 月，康有为与梁启超随即在北京又组织了强学会；同年 11 月，康有为携弟子龙泽厚参与并组织上海强学会。1896 年 1 月，康有为在上海创办《强学报》，其弟子徐勤、何树龄为主笔。此外，康门弟子还被邀请担任其他报刊主笔。1896 年，汪康年邀请梁启超担任创办于上海的《时务报》主笔；梁启超在该报上发表诸多时文，其中，《变法通议》一文在当时的爱国知识分子和开明官僚中引起了强烈的反响，这大大加强了维新变法运动的声势。1897 年 2 月，《知新报》在中国澳门创办，这是康广仁等维新派在南方创办的重要报刊，而梁启超、韩文举、何树龄、徐勤等人皆为该报撰述过文章。维新思想在港澳传播开来。同年 10 月，康广仁在上海设立大同译书局，出版了大批康门师生宣传维新思想的书籍，并与梁启超等人在上海组织不缠足会和医学善会等组织。之后，梁启超等人又前往长沙设立时务学堂，梁启超任学堂中文总教习，叶觉迈、欧榘甲、韩文举等人担任中文分教习。1898年1月，康有为等在北京南海会馆发起并组织粤学会，同年4月扩大为保国会。

不仅国内出现了一派维新变法之新风，而且康门弟子如徐勤、陈汝成、汤觉顿、陈和泽等人还奉师命，应日本横滨华侨之邀，经孙中山推荐，赴日本创办了"大同学校"，宣传维新思想。

随着国内外宣传维新变法思想达到高涨，1898年6月11日，光绪皇帝毅然接受维新派的主张，颁布了"明定国是"诏书。由此，一场轰轰烈烈的维新变法运动拉开了序幕，成为中国近代史上影响深远的一场政治革新和思想解放运动，史称"戊戌变法"。然而，慈禧太后很快意识到这场运动给其政权带来的威胁，召集各位中枢大臣，商议清理康梁一派的影响，随后连发懿旨，发动政变，捉拿维新派，幽禁光绪皇帝。一腔热情想要推翻慈禧太后、保护光绪皇帝以求变法图强的维新派人士面临着难以逃避的生存危机。"戊戌六君子"之一的谭嗣同不顾自身安危，以死表达变法之决心和果敢。他对劝他离开的人斩钉截铁地说："各国变法，无不从流血而成，今中国未闻有因变法而流血者，此国之所以不昌也。有之，请自嗣同始。"[1] 可见其壮志豪情，虽死不悔。康有为、梁启超、徐勤、韩文举等人则流亡日本。同年10月，万木草堂被封禁，三百余箱藏书皆被焚毁。这

---

[1] 邓莹辉：《中国古典诗词精鉴》，华中师范大学出版社2012年版，第261页。

意味着，"戊戌变法"宣告失败。而昔日在此学习并酝酿维新变法的康门弟子，也再难回草堂。维新事业举步维艰，但康门师生并未因此而停止救亡图存的脚步，他们在激荡的时局中，继续汲取西方先进文化，或主张改良或主张革命。种种探索，重在救国。

四、结语

一句"万木森森万玉鸣，只鳞片羽万人惊"，已然一语道破万木草堂对于中国历史的意义：它不仅仅是戊戌变法的策源地，满怀激情和志向的学子走出万木草堂，肩负起维新救亡的重责，它更是新型教育模式的一种宝贵实践，给中国教育带来深刻的启示。

快要离开草堂时，我们想起了在考察期间看到和听到的许多故事。置身草堂之中，头顶是一片深蓝的天空，抬头遥看前方，一栋栋高楼大厦挡住了我们的视线。也许只有站在高空，才能将万木草堂一览无余吧。我们不禁感慨，一百二十多年前，这里不会有高楼大厦，有的只是鸟语花香、琅琅书声，还有那清莹跃动的井水（如图1-17所示）、无数次激情澎湃的学术辩论、一篇篇直言维新变法的时文。因此，纵使天空广阔无穷，也笼罩不住从草堂里迸发出来的改良锐气。

我们注视着眼前的康梁雕像——他们面带微笑，凝视远方。是他们以及诸多万木草堂的学子，引领了一个时代的潮流。我们想起讲解员在声情并茂地给我们讲述和比较康有为、梁启超的书

图1-17　草堂内古井

法时，突然一阵风刮过，吹起了挂在墙上的梁启超书法的一角，大家都齐刷刷地随风而移动视线。不料，旁边的一位大叔笑着对讲解员说，"你说得太生动了，康有为、梁启超回来了"。顿时，诸人不语，似乎在回忆什么。

（考察组成员：连文妹、邓雨、张成香）

第二篇　近代民主革命策源于广州

黄花岗上浩气存——辛亥革命源自广东

自 1905 年中国同盟会成立后，革命党人曾先后发动多次武装反清起义。其中，最有影响力的是黄花岗起义和武昌起义。黄花岗起义，又称辛亥广州"三·二九"起义，是中国同盟会于1911 年 4 月 27 日（农历 3 月 29 日）在广州发起的一场起义。时黄兴、林觉民等人集全党人之力，呼号起义，直扑总督衙门，欲与清政府决一死战。因寡不敌众，这场起义最终以失败告终。这场起义损失了众多将士，最终有 72 人的尸骨被埋葬于广州黄花岗，这就是历史上的"黄花岗七十二烈士"，这次起义也被称为"黄花岗起义"。

黄花岗起义对中国近代历史具有重要的意义与纪念价值，孙中山曾盛赞："是役也，集各省革命党之精英，与彼虏为最后之一搏。事虽不成，而黄花岗七十二烈士轰轰烈烈之概已震动全球，而国内革命之时势实以之造成矣。"① 事虽不成，然革命烈士之风骨长存，其精神当为后人景仰和学习。考察小组遂将广州市黄花岗公园作为本次实地考察的地点。作为当代大学生的我们

---

① 孙中山：《建国方略》，载《孙文选集》，广东人民出版社 2006 年版，第 207 页。

应该铭记历史、缅怀先烈，这次前往黄花岗公园进行实地探访，以表达对起义中壮烈牺牲的烈士的崇高敬意，意义非凡。

此次考察，各组员先对黄花岗起义的历史背景、过程、影响有了大致的了解，再在此基础之上实地参观公园。考察小组从刻有孙中山亲手题写的"浩气长存"的东南门进入，以由南向北的顺序沿途参观七十二烈士之墓、默池、潘达微之墓、黄花岗七十二烈士碑记等历史遗迹，我们深刻感受到了黄花岗公园肃穆而又庄重的气氛。通过公园内各景点所附的简介以及网络上对黄花岗起义的历史背景及影响的描述，我们进一步认识了黄花岗起义。走过眼前一个个映入眼帘的坟茔墓冢，身旁是合抱粗的行道树，仿佛一切都回到了辛亥年间，回到了那个革命年代。

一、敬意满怀观陵园

12月10日，我们来到了黄花岗公园进行考察。首先映入眼帘的是陵园大门，门额上镌刻着孙中山题写的"浩气长存"四个大字（如图2-1所示）。这让我们十分震撼，不由得严肃起来。

图2-1　陵园大门

图2-2 陵园内题字

　　穿过门洞，是长达230多米沿坡而上的甬道。道路两边排列着后人为纪念缅怀烈士所立石碑的碑廊，上面一一写着"碧血黄花""自由不死""此心此志"等（如图2-2所示）。这一路，我们被烈士的革命精神所感染。这座陵园，不仅仅是宏伟精致的建筑，更是在黄花岗起义中英勇献身的烈士的归所，是革命精神的凝聚地，是历史的见证。我们走在这里不由地感叹，该是怎样的信仰才能支撑众多革命英雄坚定信念、毫不犹豫地牺牲自我呢？在现在的时代背景下，往往很难感同身受地去理解他们当时的价值选择与道德判断，但归根结底，那些为了国家的未来而牺牲的千千万万的先辈们，大抵都是为了坚定追求国家自强、民族独立、人民自由的信念吧。反思今时今日，我们又该将这种思想信念落实到何处？面对"生，亦我所欲也，义，亦我所欲也。二者不可得兼"的价值选择时该如何取舍？我们青年人，应有一分热，就发一分光，革命先烈舍生取义教给我们的道理不能忘，交给我们的重任也不能丢。

在墓道的中段，有一座拱形桥跨越了一个月池，被人们称为默池（如图2-3所示）。此时，我们听广播的解说中讲道："默池正面正处在主墓道，是瞻仰、拜祭先烈必经之道。池中间拱桥构造较为奇特，是由一条条细长的石板拼接而成，游客在拱桥上需小心翼翼地行走，便不由自主地把头低下，仿佛向前方烈士墓低头默哀，神情庄重肃穆。"因此，我们迫不及待地想要经过默池，以这种方式表达对革命先烈深切的缅怀之情。从正门进去，我们很快在花团锦簇中发现了默池的介绍碑。"默池建于1921年，池中间的拱桥桥面为细密的阶梯，让行走在上面的人自然低头缓行，恭敬地向前方烈士墓默哀，气氛庄严肃穆。桥身两侧花朵形喷泉源源不断，寓意爱国主义精神代代相传。"①

图2-3 默池

---

① 肖共月：《烽火照丹心》，见人民网强国博客，2019-02-12（http://blog.people.com.cn/u/66971584.html）。

拱桥的桥面已被黄花节的鲜花铺满，因而几番寻找均未见到。当日，正值第三届黄花节，园内是展览主场，游人如织。如此庄重肃穆的烈士陵园，被节日衍生的庆典打破了氛围，将陵园变成了公园，是否合适？希望每个前来瞻仰的人，向烈士献上最真诚的敬意。

默池斜前方的道路侧有一株古老细叶榕，1920 年由时任参议院院长林森手植。

经过墓道，我们来到了墓堂。这便是黄花岗七十二烈士的陵墓了。墓不是圆形构造，而是正锥造型，四周再护以铁链围起，更加显得庄严肃穆。正中的墓顶则是四柱碑亭，方柱形的碑上雕刻着"七十二烈士之墓"（如图 2 - 4 所示）。

图 2 - 4　七十二烈士墓

组员们心中对每位烈士、每个英魂都有着崇高的敬意。该是怎样的信仰，才能支撑众多革命英雄坚定信念、毫不犹豫地奉献自我呢？我们想，那就是爱国精神的力量吧。因为热爱祖国，因为热爱人民，因为不想我们的民族就此没落，他们站了出来，选择用鲜血来唤醒沉睡的中国同胞，用行动来探索革命的方向。即使起义以失败告终，但他们大无畏的精神，牺牲自我的精神，以解放、服务人民大众为己任的黄花岗精神，却深入人心、永不褪色！烈士们用身躯撞开了辛亥革命的大门，也坚定了中国人民的信仰。这份信仰不仅存于当时，对于正处青年的我们，也同样具有教育意义，那正是舍生取义的中国魂啊！

在陵园中，我们遇见了同样来祭拜的两位老先生，他们花甲风貌，身着马甲西装，立正在七十二烈士之墓的墓碑前拍照留念，之后他们又在碑前静立了一会儿才离去，神色庄严肃重。他们对烈士深怀敬意。在访园过程中，我们在龙柱前还遇到了另一位独行的老先生，他见我们脚步不匆忙，提出让我们为他摄影的请求，而在确认有没有拍摄成功时，我们看到他老旧的摄像机里已经存了很多相似的视频，"这样我就能记得我拜访过哪里"，老先生笑着向我们解释。经此，我们心中更加感慨，从老到幼，革命的故事会传承，民族的精神也会传承，国家民族的历史不能忘，爱国主义的精神也必将生生不息、代代不止。

墓塘后面是纪功坊（如图 2-5 所示）。纪功坊上额篆有"缔结民国七十二烈士纪功坊"12 个大字，这是由著名的革命党人章炳麟所书。坊墙正面则篆刻着"浩气长存"四个大字。纪功坊的顶层中间由 72 块长方形的青石堆砌而成，据说象征着七十二烈士。整座纪功坊的设计巧妙，寓意深远，衬托的烈士形象也更加高大巍峨，因此，其成为烈士陵园的代表性建筑。

图2-5　纪功坊

在这条墓道的东面，还有一些资产阶级民主革命家的墓冢。墓寝左侧迎面的一棵松树，是1912年孙中山在陵园初建时亲手种植的。当年共植有松树4棵，现只有一棵保存了下来。据记载，1981年曾补种了松树3棵。在松树的正前方就是潘达微的墓。

潘达微曾以《平民报》记者的身份采购红花岗，安葬了72名烈士。但他认为"红花"不及"黄花"意境优美，遂将红花岗改名为黄花岗。此后，黄花岗的名称被沿用至今。如今，陵园内各处栽种了各种黄花植物，如黄素馨、黄芍药、黄菊、桂花等。在这里，四时均有黄花盛开，也寓意着革命烈士的浩气长存！

除了烈士墓，陵园内还有许多名人的墓冢，例如，有被称为

"中国航空之父"的中国第一个飞机制造家和飞行家冯如等人的墓。

陵园内部有一面黄花岗革命历史浮雕墙，于 2011 年刻置，长 23 米、高 3 米、宽 0.25 米。该浮雕墙以历史长卷形式展开，以"浩气长存"为主题，分为四个篇章。浮雕下面部分块状结构象征性地体现"墓石"，分别刻有 86 名烈士的名字。浮雕前有一块被雕刻成翻开模样的"书"，上面刻有字，便于游客了解浮雕内涵。

2016 年为孙中山先生 150 周年诞辰，园方邀请孙中山后人孙国雄夫妇复植纪念树 4 棵，既承中山先生之遗志，亦悼先烈之牺牲。

二、继承弘扬爱国情

黄花岗公园面积广阔，一寸寸土地洒满了爱国先烈的满腔热血。站在此地，仿佛回到了百年前，当时的场景历历在目，燃起了每一位国人的爱国之心。自黄花岗起义以来，人们都在以不同的方式纪念这些革命烈士，希望后人能秉承他们的爱国情怀，以民族复兴为己任，敢于担当时代给予的历史使命。

黄花岗起义在孙中山心中具有极高的地位。他本人曾多次到访黄花岗烈士墓。中华民国成立后，广东省军政府拨专款修建了黄花岗烈士墓，1912 年 5 月 15 日，举行了历史上第一次祭奠七十二烈士的盛大祭典仪式。孙中山亲自主持了这次祭典仪式，并写下了祭文，还亲手在黄花岗烈士墓园中种植了四棵松树，寓意

"松柏常青"，烈士精神长存。1924 年 5 月 1 日，孙中山偕夫人宋庆龄共同出席了岭南大学举办的黄花岗纪念会，并在这次大会上发表了纪念演说，号召人民群众要积极学习烈士的精神，真正地实现为国家和人民以及为全社会服务。

广州市越华路小东营 5 号是黄花岗起义指挥部的旧址所在，这也是一座颇具岭南民居特色的建筑。

三、结语

一个有着光荣历史和爱国英雄的民族，应该鼓励后人不断学习和牢记他们的历史，否则这个民族是没有希望的。因此，我们决定通过走访黄花岗七十二烈士的陵墓，了解他们对我国近代革命发展做出的贡献；也使我们更深入地了解我国近代史，培养了我们的爱国情怀，同时增进了我们的民族自尊心和民族自豪感。一方面需要铭记屈辱历史，缅怀先烈们英勇无畏的精神，另一方面需要开阔自身的视野，展现当代大学生的综合素质，以革命先烈为榜样，学习他们的革命精神以加强新时期大学生的素质建设，以便将来能够更好地应对社会的挑战，适应当今社会对人才的需求。

这次考察黄花岗七十二烈士陵园，内容丰富，行程紧凑。我们在这饱含浓厚信仰的圣地，与历史相遇，在触摸峥嵘岁月、光辉历史的过程中，荡涤了自己的灵魂，坚定了理想与信念。革命圣地黄花岗的每一处圣境，都使我们流连忘返、心潮澎湃，给我们留下了不可磨灭的印象。考察组成员在心灵的不断洗礼中，真实而深刻地领悟了先烈们的理想和信念共同浇铸的革命精神。没有革命党人用生命和鲜血献身革命，就不可能有后来武昌起义的成功，也更不可能会加速腐朽的封建统治的分崩离析。

黄花岗起义是革命党人用鲜血唤醒国民的伟大起义，参加这次革命的有志之士有华侨、商人、工人、农民，还有留学生。他们团结在一起，是为了实现推翻封建统治的美好愿望。虽然起义失败了，但在一定程度上鼓舞了全国各地的革命力量，使那些有志于改变国家的、来自各行各业的革命者更加坚定不移地为革命贡献自己的一分力量。

我们在陵园的每一处，都能感受到烈士们的伟大革命精神。革命烈士面对敌人的枪口视死如归，他们坚定的革命精神永远值得我们学习。革命烈士为了广大人民的幸福、为了真理、为了正义，敢于抛头颅洒热血，这些精神让我们的灵魂受到了震撼。我们应该继承烈士们的爱国奉献精神，努力学习，把我们伟大的祖国建设得更加繁荣昌盛。

通过此次对黄花岗的实地考察活动，我们更加充分地了解了1911 年 4 月 27 日广州起义中烈士们的英勇无畏，以及潘达微等先辈对烈士墓园的建立作出的贡献，在此，我们向每一位革命志士致敬！更重要的是，我们从这些先烈的事迹中感悟到了要做一位有骨气的中国人！

（考察组成员：王梓翰、谢德月、王子诚、徐安、陈晓婷、高一凡、林涵、李素玲、刘家昕、丁奕、黄宇帆、李奉超、李林峰、罗杰聪、王晓丹）

为革命而盛开着——辛亥纪念馆的花朵

辛亥革命作为中国资产阶级革命的高潮，在近现代中国历史上发挥了异常重要的作用，拥有不可替代的历史地位。教科书上关于辛亥革命的记载中，英雄人物俯拾皆是，但其中的杰出女性却鲜有详细描述。作为一个特殊的群体，女性在辛亥革命中也曾经发挥了不可小觑的作用。因此，我们考察小组成员特地进行了此次调研，在历史大潮中拾遗，希望可以看到在那场革命中盛开的那些"花儿"的壮丽景观。

一、女子价值彰彰在人耳目

走进辛亥革命纪念馆，仿佛置身于那场浩浩荡荡的历史浪潮之中。唯一遗憾的是，在满壁男儿捐躯为国难的丰功伟绩中，对女性描摹的笔墨少之又少。而在辛亥革命前，中国历史上有花木兰替父从军的故事，有太平天国运动中的女兵组织，也有秋瑾刺杀清朝官员的侠肝义胆……

有人说"战争是男人的世界""战争让女人走开"。[①] 的确，辛亥革命这场流了不少鲜血的革命，女子参与其中似乎过分残忍；或者说，女子未必能够像男子那样扛枪上阵助力革命。然而，仅以此来否定女性在辛亥革命中的作用，未免太过片面。更何况经过我们调研发现：在这场浩浩荡荡的革命浪潮中，并不乏女子的身影。她们是那场革命中盛开的娇艳却不脆弱的花儿，她们让人赞不绝口、肃然起敬。当武昌起义的枪声响起，"在辛亥革命起义后的岁月里，妇女们纷纷行动起来，自觉地尽国民一分子的义务。她们有的创造女子军事团体，随军从政；有的组织妇女担负后勤服务工作"[②]。其中，吴淑卿在湖北就举起了女子军的义旗，在得到黎元洪的许可后，率领女子军与清军战斗。这群默默为辛亥革命作出贡献的奇女子，不应被历史遗忘。

爬梳历史，我们仍能找到她们为辛亥革命奋战的身影。民国元年，为争取女界参政，神州女界共和协济社曾致函孙中山：

中山先生钧鉴：鄂中起义，各省响风，天人思汉，亿众一心，不数月而共和政府成立。洵祖国数千年未有之盛业，即先生廿余载之惨淡经营，及吾同盟兄弟姊妹，掷无数头颅、糜无量血肉之效果也。今先生以经纬天地之才，涵养万物之德，元首新国，力行懿政。同胞雀跃，寰宇欢迎。汉恩浩荡，傍逮胡儿，虏廷钦感，昕夕思退。仰见先生仁怀若

---

① 钟兆云：《首任空军司令刘亚楼》，山西人民出版社 2014 年版，第 179 页。
② 陈明福：《中国历代女兵》，中国妇女出版社 1991 年版，第 12 页。

海，无分畛域。大局底定，转瞬间事。斯举国之福，吾女界与有荣焉。某等窃思共和国既建设矣，国内必无不平等之人，男女平权，无俟辞费。此番改革，女子幸能克尽天职，或奔走呼号捐募饷糈，或冒枪烟弹雨救护军士，或创立报章发挥共和、鼓吹民气，或投笔从戎，慷慨[杀]敌，莫不血诚坌涌，视死如归，侠肠毅力，奚让须眉？其于祖国爱而能助，此固神明华胄应具之美德，要亦先生数十年来苦心提倡，化人以道之所致也。迄者，民国初立，万政更新，非全国努力，无以善后。①

从神州女界共和协济社的字里行间，我们不仅读出了当年她们参与辛亥革命的一腔热血和果敢，也感受到了她们希望在"新世界"里争取自由、争取平等的强烈渴求。孙中山复函：

天赋人权，男女本非悬殊，平等大公，心同此理。自共和民国成立，将合全国以一致进行。女界多才，其入同盟会奔走国事，百折不回者，已与各省志士媲美。至若勇往从戎，同仇北伐；或投身赤十字会，不辞艰险；或慷慨助饷，鼓吹舆论，振起国民精神，更彰彰在人耳目。②

---

① 《神州女界共和协济社致孙大总统函》，载《民立报》1912 年 3 月 3 日，第 10 页。上海社会科学院历史研究所：《辛亥革命在上海史料选辑》（增订版），上海人民出版社 2011 年版，第 761 页。
② 《孙中山复函》，载《民立报》1912 年 3 月 4 日。上海社会科学院历史研究所：《辛亥革命在上海史料选辑》（增订版），上海人民出版社 2011 年版，第 762 页。

在浩浩荡荡的革命潮流中，女性用行动证明了自己浓烈的爱国情怀，证明自己不只是深居家中的妇人。她们勇敢地走上革命的轨道，不畏牺牲，倾注韶华。因此，历史一定会给予她们一个客观、公正的评定。孙中山此言，正是对女性的认同和高度评价。

近代以来，随着西学东渐，西方思想的浸染，在某种程度上来说，对于解放中国传统女性的思想有着积极的意义。她们跳出了封建时代如裹脚布般束缚她们的"三纲五常"，开启了女性自我角色在近代历史上的新征程，她们在社会生活的方方面面逐渐崭露头角。因此，我们不禁想见见那些尘封百余年的花儿，一睹她们的容颜。花海中，总有那么几朵尤为灿烂，我们考察小组撷取其中的几朵，研究她们背后的故事。

二、女界创立医院之先——张竹君

这个出生于旧社会的女子，一生未嫁，因为她将自己的一生完完全全地奉献给了三场革命——"辛亥革命""医学革命"和"女权革命"。如果说辛亥革命中的那些花儿闪耀着不同的光芒，那张竹君（1876—1964）（如图2-6所示）的身上一定闪耀着医学悬壶济世的光辉。

图2-6　张竹君

　　虽出生于旧式官宦家庭，张竹君并没有成长为"深藏闺阁"的千金小姐，反而以一个封建礼教的"反叛者"的形象出现。她敢为人先，在盛行"女子无才便是德"的年代离经叛道地学习西医，成为中国西医女性第一人，被世人誉为"中国的第一位南丁格尔"。

　　在了解张竹君的毕生使命后，我们来看看辛亥革命前中国医学的发展：从鸦片战争开始，西医作为传教士的传教手段进入中国，同时也作为侵略的工具被不断强制输入国内。辛亥革命前中国的西医医院情况如表 2 - 1 所示。

表 2 - 1　辛亥革命前中国的西医医院

年代	西医院数	西医诊所数	外国医生数
1876	16	24	28
1889	81	44	254
1905	166	241	304

　　辛亥革命前期，虽然西医院的覆盖面越来越广，但在其中作为医生角色的中国人的身影并不多见，更不用提尚被封建礼教所束缚的女性。1899 年，张竹君从博济医院毕业，由此开启了她充满传奇的悬壶济世的一生。她在闺中密友徐宗汉变卖妆奁的帮助下先后在广州开办了褆福医院和南福医院，专为贫民治病。而后在 1905 年，她与李书平创立了上海最早的一所女子中西医学堂，她出任校长并兼授西医课程，为辛亥革命的医疗后援提供了后备人才。那时，女子医学堂在中国开风气之先，张竹君所主张的女子通过"求学""合群"等方式摆脱男性压制的思想实践也

不失为近代女权运动浓墨重彩的一笔。

辛亥革命爆发，张竹君发起成立了中国"赤十字会"，组织率领120名救护队员前往武昌掩护革命党人黄兴和宋教仁。为了使黄兴能够掩人耳目及时赶到局势迫切的武汉，张竹君设计令黄氏化装为医生的助手，加入她所主持的上海红十字救伤队，由上海乘长江轮船一同出发，借以逃避敌人耳目。当然，这件轶事还只是张竹君在辛亥革命中所作贡献的九牛一毛而已，但这也足以看出她的沉着冷静和大局观。到达武汉后，张竹君一行人马不停蹄地开展战地救护工作，在硝烟弥漫的战场上奋力救死扶伤，挽救了许多革命党人的性命。

"女人不可徒待男子让权，须自争之"，其争权之法，"不外求学"，而所求之学"又不当为中国旧日诗词小技之学，而各勉力研究今日泰西所发明极新之学"。这些思想不仅是张竹君有关女权思想的慷慨之言，也是她一生真实生活的写照。

张竹君一生都在抗争，但抗争的对象绝不是男性，而是封建礼教的束缚和压迫。作为医生的她妙手回春，拯救了无数在残酷战争中游离于生命边缘的患者；作为伟大女性的她，医治解救的是被封建礼教束缚的女性之思想和灵魂。她通过奔走相告、设立学堂等，疗救社会女性地位低下的弊病，唤醒近代女性的独立之思想，这是何等值得后人景仰！

三、散财为国，天下为公——刘青霞

刘青霞（1877—1922）（如图2-7所示），原名马青霞，是

"清末广西、广东巡抚马丕瑶三女，
后嫁与河南尉氏县中州首富刘耀
德，又称刘青霞……孙中山称她为
'巾帼英雄'，并有'南秋瑾，北
青霞'之说"①。她曾被光绪帝封为
"一品诰命夫人"，受孙中山先生题
词"天下为公"，还受到鲁迅先生

图2-7　刘青霞

"才貌双全"的称赞，这位人生充满坎坷和传奇的女子，在由被动
安排转变为主动融入时代潮流的过程中，逐渐成为那场革命中闪
耀着妇女运动光辉的灿烂无比的花儿。

　　刘青霞出生于河南安阳一个显赫的官宦之家，家风开通明
达、乐于济人，父亲是清正廉洁的地方官。据载，少年时期的刘
青霞受到了良好的教育，知书明理，擅诗善画，颇具才华，更有
乐善好施的品性，常怀忧国忧民之心。青年时期的她，经历了甲
午战争、戊戌变法、义和团运动、八国联军侵华，见证着国将不
国、民不聊生。

　　而刘青霞自己亦命途多舛，青年丧夫。但她并没有被厄运打
垮，而是积极投身于民主革命活动，后携子随兄东渡日本，并在
东京遇上了一群她一生中重要的革命者——孙中山及同盟会人
士。他们侃谈时政、交流学术、碰撞思想，使她逐步接受革命思
想，加入了同盟会，蜕变成一名社会活动家。

　　其后，刘青霞慷慨捐资，资助同盟会办《河南》杂志，使

---

　　①　金静：《安阳古艺文选辑》，中国文联出版社2013年版，第460页。

该杂志在东京出版；又与友人在东京创办了《中国新女界》月刊，宣传妇女解放思想。回国后，她投身于文化教育事业，捐巨款资助"大河书社"，与人创办了河南公立中州女子学堂附小，在尉氏县创办了河南省第一所女校——华英女子学校，又捐地两公顷兴办了蚕桑学校，并先后在尉氏县开办了刘氏小学堂、孤贫院、平民工厂，还在贾鲁河上建造了歇马营大石桥。刘青霞曾为华英女子学校咏诗，诗曰：

莫怜旧时花枝败，但求自由花常开。

愿君不辞劳素手，育得群芳天下栽。①

郑旺盛曾撰写《辛亥女杰刘青霞》一书对刘青霞进行褒扬和赏赞。

回国后的刘青霞多次掩护同盟会成员从事革命活动，并捐资助力武装起义。因其享有很高声望，曾被先后聘为北京女子法政学校校长、北京女子学务维持会会长、北京女子参政同盟会会长等职务。

在近代中国革命建政、社会发展变局的大背景下，刘青霞数十年如一日，胸怀天下而不忘初心，建祠堂、兴义学、设义庄、收难民、办女校、创杂志、建书社，散财为国为民，竭尽己能；后终因奔走操劳革命民生而积劳成疾，这朵灿烂不久的花儿慢慢失色，于 1922 年病逝于河南安阳。

---

① 金静：《安阳古艺文选辑》，中国文联出版社 2013 年版，第 460 页。

这位辛亥革命时期与秋瑾齐名的杰出的女社会活动家、教育家，始终是那场革命中不可被忘却的一朵花儿。她不仅仅是一位豪门孀妇、富冠开封的小女子，还是一个散财为国、立心为公的大女人。

四、芳华不朽：时势造就巾帼

同一时代，被誉为"革命新娘"的卓国华，身上一直有一种"谁说女子不如男"的胆识和倔强。她在辛亥革命中的传奇事迹，足以令世人动容铭记。

1910 年，卓国华参与了黄花岗起义的筹备工作，并在 1911 年 4 月乔装成新娘坐上花轿，将战争所需军火藏在花轿和有夹层装置的嫁妆中，制造大吹大擂的阵势掩护炸弹运入广州城内。任务完成后，她被人们尊称为"革命新娘"。在战火纷飞的年代，她抛却了女子的柔弱与恐惧，勇敢而坚定地完成了一次次革命任务。

中国电影史上第一位女演员严珊珊（1896—1952）（如图 2-8 所示）也是如此，在她的身上我们并没有看到太多的柔弱和矫揉造作。她始终怀揣着由一身英气武装起来的高贵的灵魂，曾在辛亥革命时期参加过广州北伐军女子炸弹队，这打破了以往对"戏子误国"的偏见。在封建意识仍然浓厚的近代，电影刚兴起，女人抛头露面演戏，让众人观看是件不可想象的事。但严珊珊带着极大的勇气和魄力迈出了这一步，开启了女演员登上银幕的先河。

这些巾帼英雄作为女性先驱者点亮的星星之火，在时代蜡油的不断添填下终将变成烈焰，照亮现代化女性的发展征程；同时，她们作为那场革命中绽放的不可忘怀的花儿，散发出的是亘古不变的爱国芳香，勉励后人奋勇前行。

图2-8　严珊珊

五、结语

我们或许会对这些"花儿"的美丽绽放感到诧异：毕竟在中国历史上，在中国几千年的传统社会中，贤妻良母一直是女性的正统形象，"三从四德"更是女子的准绳。在这种蔓延了几千年的"女子无才便是德"的紧绷氛围下，革命者这种角色很难和女子挂钩。所以，辛亥革命涌现出的先进女性，是对传统女性模式的挑战，可谓是女性角色真正意义上的现代化开端，而这个开端看似偶然实则必然。我们考察小组对这些"花儿"集中盛开在辛亥革命时期的原因进行了初步讨论，下面简要谈谈我们的发现。

政治方面，时人认为，这和当时的潮流符合，"参政是女子本分应做的事情，并不是格外的要求，是女子应有的，也是女子应争的"①。由维新运动开始的政治近代化的潮流，更是有力推

---

① 莫雄飞：《女中华》，载《女子世界》1904年第5期。

动了进步女性积极寻求"女国民"身份的实现。如刘青霞一样的女性，她们通过革命斗争和各种政治运动争取实现自身政治角色的近代化，也为后来女性争取政治权利打下了坚实的基础。

经济方面，随着外国资本主义的入侵，传统的自给自足的自然经济逐渐瓦解，各种近代工业涌现到转型中的中国近代市场上。由此带来的巨大的劳动力需求，推动着女性步履维艰地进行自身经济角色的转换，开始进军职场。早期的实现经济独立的职业女性，大都受到过良好的教育，思想开放，带着实现人格独立的目标进入职场，如张竹君创办医院等，她们极力为女性争取经济权利，以实现自身经济角色的近代化。

教育方面，自洋务运动开启办新式学堂以来，兴女学在此时期进一步高涨。据统计，1907—1910年，女子留学东亚形成高潮，每年前往东亚留学的女性都超过120名（1909年更是达到149名）。除此之外，留美女性也不在少数。自古以来读书是男子专利的现象不复存在，国内民办女学在清廷颁布的女学章程实施下如火如荼地开展，这更使女性近代化的教育角色进一步觉醒，像前文提及的张竹君、刘青霞等人，都是受过良好教育的杰出代表，她们能够以知识为武器，划破旧社会的黑暗，以自身之光照亮社会。

历史可谓是偶然性和必然性的结合体。这些"花儿"的涌现既是偶然，亦是必然。综上所述，政治、经济、教育多方面的因素有力保障了那场革命中那些花儿的灿烂绽放，她们绽放的时间刚刚好，在辛亥革命的浪潮中精神不倒，引领后人。那场革命的那些"花儿"所保存下来的馥郁芳香，就如《女革命军歌》中唱的：

> 女革命，志灭清，摒弃那粉黛去当兵，誓将胡儿来杀尽。五种族，合大群，俾将来做个共和民。女革命，武艺精，肩负那快枪操练勤，步伐整齐人钦敬。联合军，攻南京，你看那女子亦从征。①

一百多年过去了，载入史册的她们，将永垂不朽。作为新时代的女性，我们希望自己能高举她们燃起的火把，去点亮新的征程！

（考察组成员：马姣姣、吴姗芝、严咏华）

---

① 陈明福：《中国历代女兵》，中国妇女出版社 1991 年版，第 13 页。

偏隅河南负重行——大元帅府的铿锵声

白云山高，珠江水长。广州人习惯以珠江为界，将广州分为河南和河北两个区域。广州市海珠区东沙街 18 号便是大元帅府的所在。辛亥革命后，孙中山先后两次在这里建立了新的地方政权，这里也是孙中山领导民主革命的重要遗址。因此，此次考察的目的，是了解将大元帅府作为革命根据地的原因以及孙中山领导中国民主革命的历史。

一、大元帅府述略

大元帅府的前身曾是广东士敏土厂（士敏土，是英文 cement 中文音译）（如图 2 - 9 所示）。该厂兴建于 1907 年，其生产规模最大时仅次于当时天津开平水泥厂，是近代中国创办的第二大水泥生产厂。

大元帅府现今占地面积 8020 平方米，主体大楼分为南北两座，另建设有东广场和西广场以及正门等建筑。这两座主体大楼是典型的中西合璧的外廊式建筑风格。1964 年，广东省农业机械供应公司将大元帅府移作公用，并在保护范围内修建了三幢员

图 2-9　广东士敏土厂门楼

工宿舍楼。2001 年，为恢复并保护这一历史建筑，广州市政府拨款 1500 万元在原址基础上复建了原有的大元帅府门楼。

分列南北的两座主体大楼是混合结构建造而成的，虽然历经百年，却仍然坚固如初。两幢主楼是券拱式的三层建筑，建筑上方有节竹式的排水设施、百叶造型的门窗结构、骑楼等设计，这也充分显示出它们具有独特的岭南建筑风格，是中西建筑的结晶。2001 年年底，在原址建造的大元帅府纪念馆开始对社会公众开放。

据实地考察，大元帅府整体并不雄伟壮观，但装修显得非常精美，有一种沉稳厚重的感觉，让人隐隐感受到浓厚的历史韵味。

从外面初看大门，没有古代城门的雄伟，却具备岭南建筑的精美，正中央挂着大元帅府门匾，彰显着这个地方的不同凡响

（如图2－10所示）。

图2－10　大元帅府广场

　　大元帅府无需门票（须凭身份证）即可进入展览馆。从大门进入，看到的是北楼。一楼被装修成了展览馆。穿过南楼，就是与南楼结构类似的北楼。北楼的一楼有卫队宿舍、会计室、医官室、参军处和武器库。来到北楼的二楼，有总参议室、秘书处、大本营公报编辑室和参谋处。沿着楼梯走到三楼，能看到巨大的会议室，沿着走廊走进无线电报室，隔壁是宋美龄住过的小客房，再往深处走便是孙中山和其夫人之卧室。主卧室门口正对着会议室和孙中山办公室。穿过北楼是一排厂房，右边是一大片花园，花园中央有一尊孙中山夫妇的雕像，甚是美丽与庄严。

　　第一个展览的房间里讲述着孙中山的成长历程："儿时，孙中山听老人讲述太平天国运动和洪秀全的故事，心里埋下了革命的种子"一直到"领导辛亥革命、创建中华民国……孙中山是中国近代民主革命进程的一座丰碑",我们在此停留良久。浏览展览馆里呈现的革命历史的时间如此之短,游客一下子就能从孙中山的小时候看到他逝世的那一天。然而,从组织兴中会敲响革命的钟声,直到辛亥革命成功推翻清政府的统治那一刻,这中间却是十多年的革命历程。十多年,一个被我们抽象了的时间概念,这也意味着我们只能从留下来的文字和照片中去努力还原孙中山当年的革命历程,却永远没办法体会他在实现革命理想道路上的坎坷和心酸。

再往里走,是陈铭枢将军的专题展,其中还展示了他的字画、笔记本和穿过的风衣等。二楼尚在维护,有些遗憾。我们快步来到了南楼,映入眼帘的便是各式各样、功能各异的房间或者办公室,因在前文有描述,在此不再赘述。值得一提的是军火库的武器,带着历史的气息,仿佛能从中嗅到当年革命紧张的气息。

三楼宽敞的会议厅(如图 2 - 11 所示)、孙中山的办公室和卧室(如图 2 - 12 所示)离得异常近,不必多说便能从中意识到孙中山热爱革命事业和献身工作的衷心。这里还有一个被封锁的悬空扶梯,据工作人员介绍,因为孙中山经常工作到很晚,之后还要下楼和他人商讨事宜,再回到三楼的时候,孙中山喜欢走那个扶梯,然而黑漆漆的夜晚走悬空的梯子实在是太危险了,于是管家决定把扶梯封锁了。这个故事除了能让人感受到孙中山身边的人对他照顾的周到,更能让人学习到孙中山奉献自我、热爱工作的精神。大元帅府虽然地方不大,不一会儿就游览完了,但是其中蕴含的革命精神、孙中山的优良品质是藏在每一个空间布局以及建筑细节里的，深深打动了我们青春尚稚嫩的心。离开大元帅府后，我们心中荡起的千层浪花久久不能平复。

图2-11　会议厅

二、定址与建政

辛亥革命推翻清王朝的封建专制统治后，时人呼称"民主共和深入民心"。然而，革命的胜利果实很快被袁世凯所窃。1915年，袁世凯不顾共和大势毅然称帝，致使各方势力发动护国运动，联合起来反对其称帝。但同时天下也因强大的地方势力

图2-12 卧室

而分崩离析，无人有能力操持全局，因此开始了军阀混战的历史。1917年，段祺瑞为了满足自己的权力欲望，在张勋复辟后宣称要"再造共和"。孙中山听闻此事后，决定回广州，联合桂系、滇系军阀，发动"护法战争"，从而打击皖系军阀段祺瑞。大元帅府就在这种背景下成立的。

大元帅府的北楼展厅展示了孙中山三次建立政权的细节，遗憾的是考察当天因这部分展厅正在维护无法参观，而这部分内容又很有价值，因此，我们决定根据查来的资料来探索大元帅府的定址原因及建政过程。

孙中山曾三次在广州建立政权，大元帅府两度成为其大本营。在1917年第一次护法运动中，护法军政府成立。孙中山原本想在广州城内前清衙门建立元帅府，无奈受桂系军阀排斥，不能在此地立足。于是，他不得不选择远离市区且蛮荒不堪的长洲岛黄埔公园作为落脚之处。而为什么后来他选择了位置稍偏、位于珠江河以南的广东士敏土厂，目前我们得知有以下几种说法：

一是胡毅生主动提供场地说。"此时广东士敏土厂的厂长胡毅生闻听此事，主动提议将工厂办公楼提供给孙中山先生，孙中山先生大喜，于是这里也就成了孙中山的'大元帅府'。"[1]

二是与修铁路的个人因素有关说。除了客观环境的原因，大元帅府的最终选址还与孙中山个人的主观因素有关。辛亥革命后，袁世凯为了巩固自己的权力，防止孙中山对他造成威胁，从而授命孙中山督办"全国铁路全权"，孙中山本人也愿意"舍政事，专心致志于铁路之建筑，于十年之内筑 20 万里之线"。[2] 虽然在如今看来，孙中山的十万英里铁路规划图非常不切合实际，但是他依旧坚持认为修铁路乃实业兴国的第一要务；而水泥，恰恰是建筑的主要用料。因此，孙中山选择了在广东士敏土厂建立大元帅府，既迫于形势，也符合他修建铁路的一腔热血。

三是安全说。珠江河以南（现海珠区辖区）由李福林控制，李福林是孙中山的支持者，因此，在珠江口的海军军舰有一些是服从孙中山指挥的，建在此处比较安全。

四是便利说。大元帅府距离当时的主城区仅有一江之隔，元帅府的正门就是石涌口码头，孙中山出入大元帅府都是以船代步。而实地考察的情况是，大元帅府门前的珠江河段曾经确实作为孙中山出入的码头，现在已经改造成为观光游船的停留之地。

1917 年 9 月 1 日，孙中山被推举为中华民国军政府海陆军大元帅。然而，第一次护法运动却失败了。究其背后原因：一是孙中山认为革命必须有所"凭借"，而护法运动没有可靠的凭

---

① 周醉天、韩长凯：《中国水泥史话（2）：广东士敏土厂》，载《水泥技术》2011 年第 2 期，第 21－25 页，第 36 页。

② 龚云：《铁路史话》，社会科学文献出版社 2011 年版，第 104 页。

借，也未能充分动员群众的力量。二是政治上孤立无援，军事上并无强大的实力。军阀们都想着自己的利益，有的军阀看似支持革命，其实背地里都打着自己的如意算盘。护法运动一度受到盘踞在广东的桂系军阀的破坏和干扰，结果在南北军阀的夹击下，以失败告终。孙中山也被迫辞去海陆军大元帅职，于1918年5月离开大元帅府。

孙中山虽然未取得护法运动的成功，但他在这个时期完成了《建国方略》这一著作，他的思想被人们传承了下来。

1920年年底，孙中山从上海回到广州。由于各方军阀割据势力依然存在，孙中山决定筹划第二次护法运动。1921年5月5日，"中华民国"政府成立，孙中山就任非常大总统。不料，由于陈炯明发动了"六一六兵变"，炮轰总统府，孙中山被迫离开广州去到上海。

我们不是历史的当事人，无法体会到当年孙中山被迫离开的真实心情。但对于那些亲历过陈炯明炮轰总统府的人来说，当他们回忆起这一段历史，仍心有余悸。有国会议员还记得："那时，士敏土厂下驻有一部分孙中山先生的武装部队，叛军在天刚破晓时，即向士敏土厂攻击。我们这些住在楼上的议员，大都是文人，没有经过打仗的场面，听到枪声大作，子弹乱飞，大家都非常害怕，躲到墙角里。"[1]

第二次护法运动宣告失败后，到达上海的孙中山决定团结中

---

[1] 高子厚口述，李朋整理：《广州非常国会片段》，载《回忆孙中山三次在广东建立政权·前言》，中国文史出版社2014年版，第165页。

国共产党，并接受中国共产党的帮助，提出了"联俄、联共、扶助农工"的政策。

1923 年 2 月，孙中山再次返回广州，将大元帅府大本营设立在广东士敏土厂。这也是孙中山第三次建立的广州革命政权。

在孙中山看来，大元帅府就是一个国家政权机构。大元帅府集军事、内政、外交等职能于一体，掌握政权的孙中山在此对军政、经济、文化、外交等各方面密集进行了一系列重大改革与决策。这些地方经实地考察，部分照片已在报告中体现，这也使大元帅府"有如一个全国性的政府"，在一定程度上实现了孙中山的思想和主张。

三、结语

当我们从大元帅府的一景一物、一人一事去爬梳那些沉重但又值得我们骄傲的历史时，总有一个人，他热忱的爱国主义情怀、救民族于危难之中的坚定信念以及永远追求进步的精神，一直深深地烙印在人们的脑海中，那就是孙中山。

孙中山一生致力于革命，在革命中度过了艰苦难熬的岁月。如今细数孙中山三次在广东建立政权的事迹，无论哪一次，都是万般曲折的革命之路。纵使这般，他在生命的最后一刻，仍不忘嘱托后人，"革命尚未成功，同志仍需努力"。他立下了《国事遗嘱》，总结自己四十年的革命经验时，并坚定地认为："余致力国民革命凡四十年，其目的在求中国之自由平等。积四十年之经验，深知欲达到此目的，必须唤起民众及联合世界上以平等待我之民族，共同奋斗"①。孙中山在领导革命的道路上，不断总结和反思，并逐渐意识到唤醒民众之重要性，这为后人实现民族复兴的探索之路奠定了牢固的思想基础。

我们不得不说，"从一九一七至一九二五年，孙中山曾先后三次在广东建立政权，同北洋军阀的北京政府相对抗。这标志着他在辛亥革命和'二次革命'失败后，为坚持民主革命，打倒军阀，统一中国，建立真正的民主共和国而艰苦奋斗、不断前进的三个阶段……研究和总结这方面的经验教训（孙中山三次在广东建立政权的史料），尤其是研究孙中山与第一次国共合作的关系，不仅对进行爱国主义教育和革命传统教育很有帮助，而且对于促进第三次国共合作，争取早日实现祖国统一大业，也具有借鉴作用"②。显然，后人对于孙中山三次在广东建立政权给予了很高的评价，认为这一漫长的过程饱含着失败的教训但也不乏成功的经验。

经实地考察及查阅资料，我们认为大元帅府的建立，对于中国革命的历史进程有着至关重要的作用。它在孙中山的两次护法运动中发挥了巨大的作用，孙中山以大元帅府作为革命根据地，连接各级办公人员，让命令能清晰明了且准确地下达给各级机构。众所周知，战争时期兵贵神速，命令是否准确与迅速直接影

---

① 中国社会科学院近代史研究所民国研究室、广东省社会科学院历史研究室、中山大学历史系孙中山研究室合编：《国事遗嘱（1925 年）》，载《孙中山全集（第 11 卷）》，中华书局 1986 年版，第 639 – 640 页。

② 全国政协文化文史和学习委员会：《回忆孙中山三次在广东建立政权》，中国文史出版社 2014 年版，第 1 – 2 页。

响战争的结果，而大元帅府的存在则很好地解决了这个难题，这也让我们体会到一个合格的根据地是多么重要。

孙中山在当时富有远见的思想也影响着我们，让我们知道"工欲善其事，必先利其器"的道理。孙中山在大元帅府所做的决定，让我们知道了"中华民国"初建时的艰难，也让我们体会到了如今美好生活的来之不易。从大元帅府传出来的决定无一不影响着当时人们的生活。经过这次考察，我们知道了革命先烈们付出的沉重代价，体会到了革命的惨烈与胜利果实的来之不易。

看到士兵们居住的卫队宿舍，我们不禁感慨，如今我们所拥有的和平年代的幸福是孙中山以及后来的革命志士用热血换来的，我们承先人之福，领略到了先人勇于为国献身的心。他们用身上多处明显的伤疤来为新中国奠基，用腔中热血挥洒出新中国的意志，用革命行动构建出新中国的蓝图。

我们应传承先人不屈的意志，站在巨人的肩膀上远眺，未来即使所获再多，也不应忘其本源。站在历史圣地，感受着大元帅府厚重的文化底蕴，一幅幅历史画卷仿佛就在眼前展开，看着孙中山的英姿以及坚定无畏的眼神，我们仿佛也能感受到一股热血喷薄而出。愿我们在创新如常的今日，在心中为古迹留下一点空间，不要让英勇无畏的精神消失于我们的内心，要让自信和爱国永存心中。

（考察组成员：连泳鑫、林文锋、赖丞、吴程驹、秦英泉）

国共合作成共识——国民党一大促发展

1924 年 1 月 20 日，中国国民党第一次全国代表大会（以下简称"国民党一大"）在今广州市文明路广州鲁迅纪念馆大院左侧钟楼礼堂内召开（如图 2 – 13、图 2 – 14 所示）。

图 2 – 13　中国国民党第一次全国代表大会会址

图 2 – 14　中国国民党第一次全国代表大会会址内部陈列

钟楼本是广东贡院的原址，1904 年在该地建立起两广师范学堂（后改广东高等师范学校），1924 年孙中山将广东高等师范学校在内的几所学校整合为广东大学，1926 年定名为中山大学。国民党一大旧址附近有一个广场，这里后来成了革命集会的重要场所，被称为"革命广场"；广场附近有很多中国共产党在广州进行革命宣传或运动的遗迹。作为中大学子，我们来到此地回望国民党一大历史，也是重回母校旧址感受中大办学之初的精神使命，学习前人为革命奋不顾身的无畏精神。

国民党一大是国民党在广州召开的对国民党进行全面改组、实现国共合作的会议，是第一次国共合作正式形成的标志，为国民党的发展注入了新的生命力。孙中山在国民党一大期间，回顾了过去中国民主革命的历史，与共产国际和共产党共同从中提炼出具有指导意义的经验教训；在新的历史条件下，孙中山重新解释了三民主义；同时，国民党一大上还决定改组国民党，确立了联俄、联共、扶助农工等重大政策。此次会议致力于使国民党成为民主革命联盟，通过借鉴共产国际的经验，促进工人、农民、民族资产阶级以及城市小资产阶级联合在一起，为民族复兴而携手同行。

一、挫折与酝酿

近代以来，中华民族面临着深重的民族危机。自 1894 年兴中会创立后的 30 年间，孙中山为救国救民努力奋斗，曾领导过十余次武装起义。然而，革命的道路是曲折的，作为革命先驱，之后他先后遭受过二次革命、护国运动、护法运动以及陈炯明兵变等挫折。在这个过程中，革命组织的名称、革命目标、组织形式也随之变更，即经历了同盟会、国民党、中华革命党、中国国民党等几个阶段。1922年陈炯明部叛变，这使得革命阵营分裂，革命事业遭受重大挫折，陷入了低谷。此后，孙中山开始痛定思痛，重新寻找革命的出路，他经过反思、总结历次革命失败的教训，决心重寻良方，打开革命的新局面。

1917年11月，俄国社会主义革命的胜利，让世界看到了一条不同于资本主义国家的新革命道路，也给领导中国革命的孙中山以新的启迪。孙中山与苏俄代表接触后，决定效法俄共的组织模式，改组国民党，为党内增添活力和生机。1922年孙中山亲自主盟，介绍李大钊加入国民党；又指定陈独秀参加中国国民党的改组工作，之后又任命他为国民党参议，直接参与国民党中央的党务决策。共产党领导人直接参与国民党事务，这是国共合作的前奏。1923年8月起，孙中山指派改组委员，设立国民党临时中央委员会。国共两党的领导人廖仲恺、李大钊和汪精卫等也加紧了全国代表大会的筹备工作。

共产党方面，经历过1923年2月的二七惨案，全国大部分地区的工会组织被迫转向封闭，工人运动停滞，工人情绪也逐渐低沉。一系列的工人斗争显示出了工人阶级的战斗力，但是也给共产党提供了重要的教训：第一，中国革命的敌人是强大的，单靠工人阶级奋斗是不能够战胜的，必须利用一切机会争取一切可能的同盟者；第二，统一战线和武装斗争，是中国革命的两个根本问题。

工人阶级如果没有强大的同盟军，如果没有革命的武装力量，在一个毫无民主权利的半殖民地半封建国家，仅凭着赤手空拳，要推翻那些武装到牙齿的反动势力是办不到的。因此，共产党需要寻找盟友，首先就找到了国民党。1923 年 6 月，中国共产党在广州召开了第三次全国代表大会（以下简称"中共三大"）。该大会经过激烈争论，中国共产党决定建立革命统一战线，确定了中共党员以个人身份加入国民党，并正式确定了国共合作的方针。中共三大确立的统一战线政策，促进了第一次国共合作的实现，为国民党一大的召开作了另一方面的准备。

当时的国民党发展得也不太顺利。国民党经历挫折后内部力量不够强大，内部成分复杂且脱离群众，但是也有着不可忽视的优点：一是国民党在当时有一定的威信，孙中山始终高举革命的旗帜，他在人们心中是革命的象征；二是国民党在广东有根据地，在这里可以合法地发展工农运动，共产党也在这里公开活动；三是国民党内部有一些忠于民族民主革命的分子，如孙中山、廖仲恺、邓演达等，虽然他们的世界观和对革命的认识与共产党有所区别，但是他们对革命的态度是坚决的，并且愿意跟共产党合作，共产党还能够通过他们团结多数国民党的中间分子。这也是共产党要跟国民党合作的原因。同时，共产国际也在国共合作上作出了很大贡献，特别是其代表马林。马林在印度尼西亚工作时就曾跟民族主义政党合作，甚至有让共产党员以个人身份参加民族主义政党的经验，这也是我们不可忽视的因素。

孙中山认为，"自辛亥革命以后，以迄于今，中国之情况不但无进步可言，且有江河日下之势。军阀之专横，列强之侵蚀，日益加厉，令中国深入半殖民地之泥犁地狱。此全国人民所为疾首蹙额，而有识者所以彷徨日夜，急欲为全国人民求一生路者也"①。此时孙中山明白，想要真正平定天下，必须有其他力量的支持。同时，孙中山也意识到了国民党党内存在一定的问题，并看到了中共在组织群众运动方面的优势，于是，在共产国际的提议和推动下，他决定对国民党进行改组，由此召开了国民党第一次全国代表大会。

二、召开与合作

为了统一中国国民党的思想，部署改组任务，1924 年 1 月 20 日至 30 日，在当时的国立广东高等师范学校礼堂孙中山主持召开了国民党一大。在大会发表了"一大"宣言，通过了新的党章，产生了新的领导机构。此后，中国国民党的组织结构大为改观，政治理念也发生了重大变化。在共产党员的积极参与下，中国国民党中央党部与地方党部实现了改组，初步创建了基层党部组织。

在国民党一大的参会者中，共产党员有 20 多人，李大钊、陈独秀、毛泽东等共产党员以个人身份出席（如图 2 - 15 所示）。

① 孙中山：《第一次全国代表大会宣言》，载《孙中山文选》，九州出版社 2012 年版，第 339 页。

图2-15　国民党第一次全国代表大会人物浮雕

　　然而，大会上关于共产党员以个人身份加入国民党的议程并不是一帆风顺的。当时的国民党内部对此事的立场并不一致。虽然其领导人孙中山坚定地支持共产党人以个人身份加入国民党，但还是有许多国民党方面的代表对此持反对意见。当时广州的代表方瑞麟就持反对意见，不允许共产党员以个人身份加入国民党。方瑞麟的发言还得到了其他一些代表的支持，他的主张得到了一部分人的附议，当时的场面一度有点僵持。幸好李大钊接着上台发言，他提出在半殖民地的中国，要脱除帝国主义列强及军阀的压迫，就必须统一国民革命的势力，并说明共产党员加入国民党的合理性和正当性。李大钊发言后，廖仲恺、汪精卫等代表也发言反对方瑞麟的主张；最后毛泽东提出举手表决的办法，在代表们表决和统计后，方瑞麟的主张没有被通过。随着会议进入尾声，在中国国民党第一届中央执行委员会委员或候补委员的选举中，共产党员赢得了约四分之一的席位，这场风波才宣告结束。

大会上，孙中山重新解释了三民主义，提出了反帝反封建的新三民主义，确立了联俄、联共、扶助农工三大政策。[①] 同时，这次大会不仅通过了新的党章，还选举了有共产党员参加的新一届中国国民党中央领导机构，这标志着第一次国共合作的正式形成。国共两党的合作为国民党注入了新的生机活力，使国民党有了一个比较明确的民族民主纲领，促进了高涨的广东工农运动，训练了一支党军并发展了组织。此次大会对中国的新民主主义革命具有重大的意义，并为接下来大革命的高潮做了准备工作。

国民党一大之后，中国国民党中央党部立即进行了重组。随后，中国国民党北京、上海、武汉汉口执行部分别重建，并筹备成立了多个党支部（市党部），创建了大量的基层党支部，并建立起自上而下的一套新机构。国民党组织的活动范围逐渐从十分有限的地方转向了全国。到 1926 年 1 月国民党二大，全国正式成立的省党部有 11 个，正在筹备的省党部有 8 个，特别市党部有 4 个，全国共有国民党党员约 20 万人。

此次大会使国民党在接下来的几年里起到了领导革命的作用，也提高了共产党在全国的影响力。共产党在中共二大上提出来的反帝反封建民主革命纲领得到了更广泛的宣传和认可；共产党的组织活动也从局部转向了更广泛的地区，党员们的工作能力

[①] 康基柱：《中国共产党民族纲领政策文献导读（1921 年 7 月—1949 年 9 月）》，中央民族大学出版社 2013 年版，第 74 页。

逐渐在民主革命中得到提升；共产党组织领导的工农运动也开始在南方地区得到了进一步发展，地方工农组织的发展，为共产党以后进行的民主革命奠定了群众基础；共产党的组织在广泛的运动中不断壮大，到大革命高潮时党员已发展到 6 万人左右，为以后的民主革命运动储备了人才。国民革命运动中两党得到了共同发展。

三、高涨与影响

国民党一大结束后，国共合作的正式建立使革命力量迅速发展：创办学校，培育英才；创建军队，扶助农工运动，巩固广东民族革命策源地，掀起国民革命运动的高潮。北伐出师花了不到 10 个月的时间，就打垮了北洋军阀吴佩孚、孙传芳的军队，使革命势力推进到了长江流域，为统一全中国打下坚实的基础。

与此同时，孙中山着手在广州筹建一文一武两所学校，即国立广东大学（现中山大学）与黄埔军校。广东大学成立后，孙中山多次在学校为党政军要员和学生演讲三民主义，激励人们团结起来一起革命。1924 年 11 月，广东大学举行成立典礼，孙中山亲笔题词"博学、审问、慎思、明辨、笃行"，后成为该校的校训。1926 年 8 月，国立广东大学改名为国立中山大学以纪念孙中山。学校创办时分设文科、法科、农科和理科四科，后增设医科，为中国革命培养了一大批出色的人才。

1924 年，孙中山在苏联和中国共产党的支持下，创办了黄埔军校，以期培养出一支有理想、有实力的革命军，坚实国民革命的基础。黄埔军校实行军事训练与政治教育并重的治校方针，强调"党化军队"，以"主义建军"，以"亲爱精诚"为校训，是近代培养杰出军事人才的摇篮。孙中山创立军官学校，"独一无二的希望，就是创造革命军，来挽救中国的危亡"[①]。他教育学生"一生一世，都不存升官发财的心理，只知道做救国救民的事业，实行三民主义和五权宪法，一心一意的来革命，才可以达到革命的目的"[②]。他的三民主义和矢志不渝的国民革命成功的信念被当作心灵养料灌溉了革命人，赋予了这所学校崇高的理想期望。同时，该学校也介绍了一些关于马克思列宁主义的理论，培养了一批具有思想深度和军事才能的人才。黄埔军校的师生在中国近代的民主革命斗争中，为国家的统一和民族的独立贡献了巨大的力量。同时，他们还积极投身于广东的工农运动，参与统一广东的革命斗争，为近代革命作出了重大贡献。黄埔军校作为近代中国著名的军校，其对中国的影响是巨大的。

在革命发展的过程中，革命大本营所在的广州也面临各派军事势力的包围。1924—1925 年，中国国民党统率驻粤各军，先后平定了广州商团事变，两次东征陈炯明部，回师平定杨希闵、刘震寰叛乱，向南讨伐邓本殷部，最终统一了广东。陈炯明在撤退到粤东之后一直与革命政府敌对。他还在孙中山北上之时，召

---

① 刘迎初：《爱国日记》（修订版），沈阳出版社 2005 年版，第 199 页。
② 吴稚晖：《黄埔军校演说革命之意义》，载《吴稚晖全集·卷 8》，九州出版社 2013 年版，第 534 页。

集洪兆麟、林虎等部，在帝国主义及军阀势力的支持下，准备向广州发起进攻。东征军积极出战，攻占惠州和潮汕地区，使陈炯明攻占广州的希望破灭。中国国民党两次东征，平定了粤东地区的叛乱。1926年1月，第四军在海南岛登陆，收编了邓本殷军余部。在东征南讨之后，广东统一，成为国民革命的稳固大后方。广东革命根据地的统一，为北伐战争奠定了重要的基础。

国共合作局面形成后，国民党开始重视、组织、发动农工运动。在中共党员的协助下，国民党中央党部成立了农民部、工人部，支持地方成立农民协会、工人协会，并协助农工组建农民自卫队、工人自卫队等工农武装，使工农运动达到了高潮。自此，孙中山也意识到了农民是中国人民中的绝大多数，如果农民不参加革命，革命就失去了基础，并决心在此次的国民党改组中加入农民运动，为革命打牢基础。北伐战争之前，广东是全国农民运动的中心，1922—1923年兴起的海丰农民运动是民国史上广东省有组织的农民运动的发端。1924年6月，在彭湃的建议下，国民党中央决定组织农民运动讲习所（以下简称"农讲所"）。农讲所是以国民党的名义创办的，却也是国共合作的产物，是培养农民运动干部的学校，第一期主任是澎湃，第六期主任是毛泽东，共培养了800多名毕业生，对全国农民运动的发展和高涨起到了重要作用。

四、结语

中国国民党第一次全国代表大会，在政治上确立了联俄、联共、扶助农工三大政策，重新解释了三民主义，使之成为区别于旧时期三民主义的新三民主义，这也是孙中山晚年最精彩的政治思想观点；组织上改组国民党，实现了国共两党的第一次合作，联合一切革命力量，组成民主革命的联合战线；行动上推动了黄埔军校的创建和工农运动的发展。

广东作为国民革命的策源地，许多革命事件以及革命者都与这片土地有着深厚的渊源，而且广州作为广东的政治中心，自然有着许多革命遗迹。国民党一大旧址附近就有团一大广场、中华全国总工会旧址、省港大罢工旧址和陈列纪念馆等革命旧址值得我们去探寻，还有更多的历史事件发生地值得我们一边学习历史一边慢慢寻访。广东不仅有着革命的历史，也是千年商都、改革开放的前沿地，我们在学习历史的过程中，要看到影响历史发展的其他因素，也要看到历史对今天广东发展的影响。

在国民革命策源地的广东，在独具民国特色的钟楼建筑下，我们仿佛听到了从礼堂中传来的革命人士为革命所作的激励人心的演讲，仿佛看到了一位位仁人志士积极发言，为革命提出可贵的意见。大院内的参天古木似乎见惯了游人因激动而不能平静的面容，轻轻地摇摆着树枝，就似见惯了跌宕起伏的历史潮流的长者微笑地看着我们。我们凝望着蓝蓝的天空，看着飞过的鸟儿，就像当时革命人士看到的革命前景一样。

（考察人员：苏慕丹、庞玉瑛、王刘伟）

回首峥嵘岁月稠——黄埔军校砥砺前行

"小伙子，你们也是去黄埔军校吗？"下了公交，当我们正研究着手机地图上的路线的时候，一对老夫妇和我们搭话。交谈中，我们得知这两位老人也是第一次前来参观，因此不清楚路线，于是我们很乐意地给两位老人带了路。当我们到达目的地时，一个个穿着军装的同龄人时不时从我们身边走过。我们环顾了四周的人群，他们显然是这里的一道"独特风景线"，由此也吸引了我们的目光。现在虽不是革命年代，但从那一身身干净整洁的军装中所散发出来的气质，似乎不输当年黄埔军校学子们的朝气蓬勃和刚劲矫健。孙中山当年手创一文一武两所学校，文有国立广东大学（现中山大学），武有中国国民党陆军军官学校（即黄埔军校，如图 2 - 16）。无论哪一所，它们都曾为中国的革命事业培养和输出了一大批人才。说起黄埔军校，我们可能会立即想到孙中山、蒋介石、周恩来，但从军校走出去的人中，其实还有很多我们耳熟能详的名字，比如林彪、关麟征、徐向前、陈赓、杜聿明等名将。这是一所为中国打倒军阀、帝国主义以及实现民族独立而培养了许多精英，并创下许多奇迹的学校，它在中国历史进程中有着举足轻重的地位。还没开始考察，我们就已经忍不住去回想有关军校的峥嵘岁月和传奇人物，生怕漏了什么，所以组员之间经过协商达成一致，此行必须认真仔细地考察。

图2-16　陆军军官学校大门

一、莫忘峥嵘岁月

真是来得早不如来得巧，我们进入校本部建筑物内部后，发现此时正值纪念馆举办展示活动。该展示活动回顾了黄埔军校的历史，展出了许多藏品，让我们得以一饱眼福。

入门处有一副对联为"升官发财请往他处，贪生怕死勿入斯门"，横批为"革命者来"，一再地强调军校的意义在于为国为家的革命性。或许，这副对联今后也将继续作为黄埔人的警钟而被传唱下去吧（如图2-17所示）。

图 2-17 入门处对联

我们看到了北伐战争时期的一份物资清单。从字迹上看，应该是在战场上匆忙间完成的，北伐军的条件相当艰苦，想必各类物资（尤其战争物资）都必须精打细算着使用才行，这对部队里从上到下的每一个人应该都是相当大的挑战。

从国民革命北伐军的人马弹药统计表中，我们可以看到国民革命军出发时的部队编成，看着密密麻麻的数据，几乎已经能够想象出浩浩荡荡的部队向北开去了。从这些数据中我们能够明了革命军的部队编成：一个团 1000～2000 人，一个师 5000～6000 人，一个军 1 万人上下。相比于今日，应该说各级的规模都相对小一些，而且总人数也是比军阀们的部队要少一些的。但是，在现代化条件下训练出来的"黄埔校军"应当是深谙"在精不在多"的道理的，所以即便是面对数倍于自己的兵力仍然能士气高涨地持续作战，并且愈战愈勇。

有一张黄埔军校的毕业证书，保存得相当完好。不知它的主人当年拿到它时的心情如何，是激动于自己成为新时代的人才，感慨于时光飞逝，还是满脑子想着杀敌报国、建功立业呢？这些我们都已经无法知道了，但是可以肯定的是，这份证书承载着主人最真挚的感情，记载着主人把最美好的岁月奉献给国家的光荣。

我们还看到了中正剑。据说，当年蒋介石向许多军校学生赠送此短剑以鼓励其精忠报国，学生也大多随身佩带，将其视为护身符。斑斑锈迹已经爬上了短剑表面，但我们相信，当它再一次被拔出的时候，锋芒仍不减当年。

我们同样参观了黄埔军校的政治部办公室。看到这些陈设还是很亲切感的，会不禁想起自己在中学时走进老师办公室看到的场景——办公桌整齐地排列着，老师们有条不紊地处理着手头上的工作。所以在看到这些陈设的时候，会让人不禁遐想当年黄埔军校的老师和学生们是一个什么样的关系，我们的周恩来总理当年担任黄埔军校政治部主任的时候年仅 26 岁，因此当年这里坐着的老师和学生们的年龄应该是相差不大的，与其说是亦师亦友，我们觉得用"革命同志"来形容他们也许更加贴切。我们本以为作为培育新力量的革命摇篮，黄埔军校里面会是一副压抑紧张的景象，毕竟是一所乱世中的军事院校，但身处其中细细品味才发现，这是一个令人感到很亲切的地方，也是一个让人充满力量的地方。

如今我们在这里看到的一切，并非只是一种摆设，也并非只是一些沉默不语的陈年旧物（如图 2 - 18 所示）。它们的背后，都有其特殊的历史意义。

图 2 - 18　优等生才能住的宿舍，条件依然很艰苦

孙中山一生都在努力实现"三民主义"的宏愿，他希望每一个黄埔学子，每一个中国人，都应该为这个目标努力奋斗。在展览馆中，我们看到了黄埔军校从第一期到第四期的"入校誓词"。这些是我们之前从未留意过的。于是，我们决定一起小声阅读。每阅读完一期誓词，我们组员间就做一次小讨论。我们认为，虽然每一期的誓词有所不同，然而"三民主义"却始终贯穿于这四期誓词的字里行间。既然将"三民主义"融入"入校誓词"，这就意味着每一个黄埔学子都应该铭记于心，并努力践行"黄埔精神"。

沿黄埔军校大门主路直行，几栋粉刷成亮黄的楼便映入眼帘。黄埔军校旧址纪念馆（如图 2 - 19 所示）便坐落于此，更令人心潮澎湃的是，孙中山的故居就在里面。距离这位世纪伟人曾经短暂居住过的处所只有几步之遥，谁能不紧张兴奋？

图2-19　黄埔军校旧址纪念馆

　　领过门票，我们便马不停蹄地迈进了纪念馆。置身在这自带神圣庄严氛围之地，脚底坚实平稳的水泥地仿佛化身为孙中山故居忠诚的守护者，一丝不苟地服务着前来瞻仰的游客，默默守护着这份历史的自豪。几棵腰系白带的榕树在一旁挺立，绿油油的树叶被正午的灿烂阳光映得动人，缓缓散发着扣人心弦、引人共鸣的黄埔气魄，其勃勃生机象征着万古长青的黄埔精神。故居的房子普遍为双层楼阁，围柱房梁走廊与窗台，一气呵成；黑木白粉黄漆与蓝天，相映成趣。与我们原本的期待略显不同的是，这些楼阁似乎比较"年轻"，流淌的是新鲜的血液。要知道，"旧址"二字在我们心目中应是布满青苔、砖瓦古朴的，古老神秘而又捉摸不透。原来该建筑于1996年重建、2005年全面修缮，恢复了孙中山故居原来的面貌。但令我们惊喜的是，一块铭牌镶嵌在故居正中的房子旁，透过这块古老沧桑、裂纹斑驳的铭牌，我们仿佛看到了孙中山先生在此度过的如歌岁月，仿佛触碰到了撼动人心的民族印记。

　　我们并未走进正门，但也心怀敬仰地参观内景。无需华丽的建筑装饰，简朴的设计已足见曾经的风范。想必正是孙中山先生脚踏实地、业精于勤的大革命家领袖气质，感染了一代又一代的黄埔军人，培养了一批又一批的国家栋梁，为革命打下了厚实的基础，为国家的光明前途带来了无限的希望。

这所学校产生于革命洪流之中。它的使命，是培养一支真正为革命战斗和奉献的队伍。自创立黄埔军校以来，孙中山的三民主义和矢志不渝的国民革命成功的信念被当作心灵养料灌溉了革命人，并赋予了这所学校更高的期望。

故居的范围不大，我们绕着古朴的房子走走停停看看，兜转一圈后，考察就差不多结束了，但我们心中感慨万千，久久不能平静。历史是应该被正确审视、被深刻铭记的。历史长河滚滚，有些事情渐渐地会被人们淡忘。但国民革命、孙中山与所有能够享受和谐生活、安居乐业的我们有千丝万缕的联系，我们不应该忘记。旧址是物象化的历史，但历史何尝不是血液里流淌的民族记忆呢？

黄埔军校历经风霜，曾遭日军轰炸，几度易址，也曾分分合合，如今展现在我们眼前的不过是"旧址"。但孙中山先生和许多革命先辈留下来的、遗泽余芳的黄埔精神及其内涵是现代人来到黄埔军校瞻仰时应该领悟的。站在孙中山故居前，我们胸中的热血不禁上涌，革命历史的印痕会永恒地镌刻在脑海中。

二、致敬黄埔名将

黄埔军校，一个培育出众多杰出军事将领的福地，从北伐战争到后来的抗日战争，一个个黄埔健儿，为国为民作出了杰出的贡献。

一所学校真正的意义不仅在于将专业的知识本领传授给学生，更在于能将一个民族的气节、一个民族的情怀感染学子。我们认为黄埔军校做到了。这是一个诞生在乱世的学校，但无论社会环境多么险恶或政治环境多么复杂，都没让这个培育万千有志青年的圣地遭受到一丝丝浸染。

黄埔军校是近代的一所西式军事院校，但它的建筑风格却有一种古色古香的中国传统韵味（如图2-20所示），甚至给人一种儒生的气息，可此"儒生"并不是那些只知道死读圣贤书之辈。也许那些弱不禁风的儒生和骁勇善战的军人看似很不搭，但我们恰恰认为，那个时代所需要的人才，不仅要有军人般的勇气，更应有如儒生般博古通今的才华和刚正不阿的民族气节。黄埔军校是万千有志青年的圣地，因为这里教授的不仅仅是策略、战术知识，更重要的是让每一位黄埔学生深深地明白自己是在努力守护什么，这才叫真正的知行教育：在专业领域方面力求最精，但同样不忽视精神和信念的教育。这是我们的向往，遥想当年革命先烈们，在这样的学校里学习，知道自己是为了什么在学，心中不曾迷茫、不曾孤单，所以，我们崇敬他们。

图2-20　黄埔军校旧址内景

此外，黄埔军校还被誉为"中国将帅的摇篮"[1]。许多我们熟知的将领都出自这里，比如一期的徐向前、陈赓、宋希濂，三期的戴安澜，四期的林彪等。

走在黄埔军校的青石板小路上，踏步在古朴的木质阶梯上，伴随着木板"吱吱"的松动声，心也不禁对那个年代产生无尽的向往。这里没有肃杀，只有亲切、温暖和浓厚的家国情怀。虽然我们没有经历过革命的血与火，但我们也能感觉到这里没有凶神恶煞，只有一群胸怀天下的向上青年！

三、结语

考察结束后，同组的中国台湾同学说："我之前并不知道原来黄埔军校里也有那么多共产党员，我一直以为黄埔军校就是国民党的发展起点，和共产党完全没有关系，毕竟我们的课本不会特别论述这块。（现在才知道）原来后来的很多大名鼎鼎的共产党人都曾经在黄埔军校学习……我们要去尊重历史，去客观看清楚事实，然后继续思考。"他还指着"亲爱精诚"四个字跟我们说："在中国台湾每个男生都要当兵。我也当过兵。当兵的时候，我们每天都会喊'亲爱精诚'的口号，受训的地方也有一个'亲爱精诚'的标识，虽然比黄埔军校的大多了，不过现在突然看到这四个字，还是让我想起了当兵的时光。"关于此次调研，他说："也让我重思了两岸的关系又或者说是加深了对历史

---

[1] 《广州市黄埔陆军军官学校旧址》，载《党史文苑》2018 年第 3 期，第 35 页。

的了解。"

回顾考察时看到的一些信息，1924 年 5 月，孙中山在共产国际以及中国共产党的帮助下，创办了国民党陆军军官学校，即黄埔军校。当时，孙中山为总理，蒋介石为校长，廖仲恺为党代表。那么，黄埔军校究竟给中国革命的历史进程带来了什么影响呢？就黄埔军校为抗日战争所作的努力而言，它"为形成民族抗战精神发挥了凝聚作用""为形成国共合作共同抗战发挥了核心作用""为培养抗战指挥人才发挥了骨干作用""为形成现代军校体系发挥了奠基作用"。[①] 同时我们也在进一步思考，黄埔军校成立之初威名远扬，不少人将它与世界著名的四所军校，即法国的圣西尔军校、美国的西点军校、英国的桑赫斯特皇家军事学院以及俄罗斯的伏龙芝军事学院相提并论。那么，为什么黄埔军校后期逐渐没落，在中国大陆只剩下了纪念馆？其衰败背后的原因又有哪些呢？

第一，我们认为它已经完成了它的历史使命。孙中山建立黄埔军校的目的，是为了培养军事与政治人才，为革命军注入新的血液，并希望黄埔军校能够成为革命的主力军，能够帮助革命，有助于中国人民推翻帝国主义，结束封建军阀在中国的统治，创建一个新中国。无疑，黄埔军校实现了孙中山的建校初衷，这点我们可以从黄埔军校的毕业生对中国抗日战争所作的贡献看出来。在蒋介石发起的淞沪会战中，重要师团级将领几乎都是黄埔

---

① 欧阳维：《黄埔军校为全民族抗战做出了重要贡献》，载《黄埔》2017 年第 6 期，第 35 – 38 页。

系，如集团军总司令张治中为黄埔军校第三期入伍生总队附，其他还有杜聿明、王耀武等。同时，在山西取得平型关大捷的林彪也毕业于黄埔军校。抗战时期，黄埔军校的毕业生已经逐步进入当时国共军队的中级指挥层，少数优秀人才已经做到了师级、军级。在抗日战争结束后不久，新中国也成功地建立起来了。因此，可以说以救国为宗旨所创办的黄埔军校几乎是完美地完成了它的历史使命。一个已经完成历史使命的学校，在时代的潮流中逐渐衰退，也就不足为奇了。

第二，与黄埔军校的教学模式有关。当时的教学内容分为学科和术科。学科方面虽有教授进行教导，比如开设有如何制定战略战术、作战计划、动员计划的课程，但是课时并不是很多。学校的课程主要以术科为主，涉及实弹设计训练、野炮设计训练、夜间演习等，这些内容占据了学员的大部分时间，因此可以看出，黄埔军校侧重对学员战术方面的培养，战略方面的培养略显缺乏。且黄埔军校初创时期，学员从入学到毕业仅仅7个月。短短7个月，再加上平时各种军政任务、军校的党化教育、政治教育，学生学到的有关军事方面的知识是远远不够的，当今，学生一般需要在军校读上四年才可毕业。从这些地方我们都可看出，黄埔军校可以在短期内培养出大量军官，以解决战争的燃眉之急，但这对于高素质军官的培养是远远不够的。而新中国成立后，国内的环境较为安定，黄埔军校这种培养军官的方式已不再为国家所需要。国家需要的，更多的是在军事教学方面更加侧重战略、能培育出全面高素质军官的军事院校。可以说，黄埔军校的建立，或许是战争年代的一种特殊产物，最终会被时代的潮流所吞没。然而，导致黄埔军校衰败最重要的原因是：国共两党合作的破裂，以及国民党自身的建设严重匮乏。

在参观黄埔军校的过程中，我们发现有不同年龄的游客，他们或许不懂黄埔军校的衰败原因，或许了解军校中的两党分歧，但无一例外，他们都是抱着缅怀革命先辈的敬意而来的。正如俞正声所说，"黄埔精神是黄埔军校给后人留下的宝贵精神财富，其核心是为统一中国、振兴中华而矢志不渝、顽强奋斗的爱国主义。今天我们传承弘扬黄埔精神，最主要的就是致力于祖国统一和民族复兴"[①]。因此，黄埔精神将永世长存！祖国的明天也将越来越美好！

（考察组成员：陈保洁、孙企然、王新宇、颜宇廷、陶璞、陈韵宁、李佳逸、黄新）

---

① 俞正声：《继承优良传统 弘扬黄埔精神》，载《黄埔》2014 年第 4 期，第 1 页。

第三篇　中国共产党的革命实践发轫于广州

青春方少汇洪流——团一大的东园伟业

1922 年 5 月 5 日至 10 日，中国社会主义青年团第一次全国代表大会（以下简称"团一大"）在广州召开，恰好那一年的 5 月 5 日也是马克思诞辰 104 周年纪念日。召开此次大会是为了组建青年团的中央领导机构，制定组织的纲领和章程，为以后团组织的工作开启一个新的局面，以及为青年团的各方面活动指明基本方向。团一大的召开，使党团的联系更加正式且密切，也使团的工作在党的指引下更具规模性和影响力。在这次全国性的大会上，通过纲领和章程加强了组织和思想的统一，青年团在全国的青年中树立了先进、模范的形象。

团一大在广州东园的室外广场召开。如今的团一大广场就在东园旧址的附近（如图 3-1 所示）。东园是清末广州的著名园林，在 20 世纪初被破坏。由于其在革命年代多次被当作集会场所，政府在原址上建立了革命纪念场馆，以纪念 1925 年的省港大罢工。步入 21 世纪后，由于缺乏团一大的纪念场所，广州市政府便在这一片区修建了广场，以纪念和学习当时有志青年为国献身的事迹和精神。现如今，它成了我们重温革命年代、回望团一大历史的重要场所。

图3-1 团一大纪念广场

一、宏伟的团一大纪念广场

来到团一大纪念广场，最引人注目的是西广场的主雕塑。远远望去，就像一本翻开的书上飘扬着一面鲜红的团旗。在书本知识的基础上承载着旗帜的精神，这犹如当年的青年志士，他们用知识武装了自己的头脑之后，在红旗的召唤下集结于此，誓要用知识和力量来保卫这个国家和民族。在宏伟的雕塑下，有一个气势非凡的舞台，五层四级的舞台设计，是对五四运动的怀念和尊崇。五四运动作为近代青年运动的典范，其精神激励着一代又一代的青年为民族的复兴而坚持不懈。

远远地望着主雕塑，除了被砖红色的高大雕塑所震撼，还可以看到市民带着孩子在广场休闲散步，庄严的建筑和温情的场面融合在一起，让人不禁感慨，正是前人在动荡年代不顾个人利益为"大家"艰苦奋斗，才有了今天人们享受"小家"幸福的环境。历史告诉我们，没有民族的独立、国家的富强，人民的个人权利就无从谈起。

除了是广州市民休闲的好去处，作为重要历史事件纪念场所的团一大纪念广场现在也是广州志愿服务的集结地。纪念广场附近既有东园原址上的省港大罢工旧址和陈列纪念馆，也有中华全国总工会旧址，还有国民党第一次全国代表大会会址，是人们接受爱国主义教育的片区，因此也是游客集中的地方、需要志愿服务的地方。

位于广场旁边的志愿服务驿站为参观的游客提供指引和讲解服务，还提供手绘志愿地图，带领人们走进历史时空，感受热血的革命年代。同时，驿站创新了服务形式，在承担正式的团务工作之外，还在现场进行志愿者的招募以及实践培训，让青年们在历史的见证下继承前辈的志向，为人民服务，也让参观的游客体验到了青年团"团味"十足的志愿服务。

慢慢地向主体雕塑走近，就会发现在书本造型的雕塑上有着六面气势恢宏的浮雕。在"书本"的正面，有着入团誓词（如图 3 - 2 所示）和团一大旧址的介绍，背面有着"群英聚东园""立纲铸伟业"两面浮雕（如图 3 - 3 所示），侧面分别是"青春汇洪流"和"先驱连工农"。栩栩如生的雕塑为我们展示了当时的青年学生在国家危亡时刻，走出校园，集结起来，聚起一股青春力量的场景。

尽管我们已经远离那个时代，但是看着眼前的画面，还是能够真切地感受到前人伟大的精神和力量。一幅幅画面仿佛使我们看到一群群热血的青年，他们团结一致到工农群众中传播革命思想，发动群众参与到革命中来，为民主革命奠定了坚实的基础。

图3-2　入团誓词

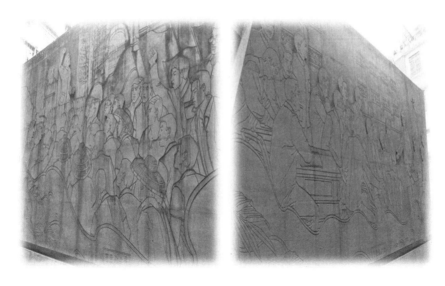

图3-3　浮雕

二、团一大与广州的渊源

团一大原定的开会地点是上海，但由于当时广州具有宽松的政治环境和较好的社会基础，广东青年团的负责人谭平山写信给团中央，"大会地点，如能改在广州更好，因为比较自由"①。谭平山的建议得到了团中央的认可，这也反映了广东的青年工作得到了团中央的肯定。如今有幸在这座当年先进青年集结的城市求学，我们不免要了解下团一大为何要在广州召开，进而探索广州的革命传统。团一大在广州召开，有以下几个方面的原因。

一是广州作为风气先开的城市，是最早的通商口岸之一，有着特别的政治环境和社会基础，而这正是团一大召开所需的社会条件。党团工作的早期，我国还基本处于封建势力和帝国主义势力的包围之中，军阀的武力统治更是使中共党团的发展受到了很大限制；而广东地区由于深受孙中山民主革命思想的影响，有着较为开放的政治环境，集结了较为先进的青年。

广东富有革命传统，在民族危亡时刻，总有仁人志士奋起战斗。受1919年五四运动的革命思潮的影响，越来越多的青年觉醒，积极寻找救国救民的新道路。广州是广东较为开放的地方，各种宣传进步思想的书籍、报刊在广州流传甚广，广州地区的知识分子也积极出版了《羊城报》《粤报》等报刊。先进分子的言论在广东得到了较为广泛的传播，对社会也具有一定的影响力，鼓励了许多青年投入到反帝反封建的革命中。在革命实践的锻炼下，一批先进的青年骨干也在此产生。这些磨炼过的青年骨干们，有着更加坚定的理想信念，更能成为中共开展青年运动的中坚力量。

---

① 《谭平山给国昌的信》（1922年3月6日），载《广州青年团沿革1920—1926》，广州青年运动史委员会1986年版，第68页。

1920 年 10 月，桂系军阀被革命军队打败，广州被收复。在艰难的战争之后，新的军政府建立起来，民主化的政策也在广州实行，这样的社会环境更加利于革命活动的开展。孙中山本人对社会主义思想也抱有同情，从而使广东地区马克思主义的传播、工人运动的开展有一个较为宽松的政治环境。当时多种报刊公开传播马克思主义，都得到了支持，如《广东群报》作为中共广东组织的宣传机关报，在当时甚至有国民党人参与其中。宽松的政治环境推动了阶级斗争、无产阶级专政的思想在广东大地更为深入地宣传，使群众的思想基础更为牢固。1922 年，团一大在广州召开的同时，马克思诞辰纪念会和欢迎全国劳动代表大会也在广州举行，参与会议的不只中共的领导人，也包括各个地区的代表和来宾。这样大规模的会议，在其他大城市是很难顺利举行的；国民党方面对大会的支持，也使会议的各方面得以顺利进行。中央决定团一大和全国第一次劳动大会都于 1922 年 5 月在广州召开，这与广东自由的政治环境是分不开的。[①]

二是共产党和共产国际十分重视广东地区的青年运动，使团一大的召开有了政治保证。早在 1920 年，中国共产党开始筹建的时候，社会主义青年团也在共产国际的关注下同时进行筹备工作。国内的大城市中，也开始有了团组织的雏形单位。然而，当时筹建之初的组织和领导方法还很不成熟，团组织的工作没能取得很大的进展。面对团组织工作的落后，党中央在一大之后开始

---

① 张棣：《中国社会主义青年团"一大"在广州召开的原因探析》，载《党史研究与教学》2010 年第 2 期，第 62 - 68 页。

决心对社会主义青年团进行整改。由于广东开放的政治环境，其团组织的工作也得到了党中央的重视。

作为党中央早期的领导者之一，陈独秀十分重视广东党团的建设。陈独秀不仅在平时的工作中重视进步青年的培养，还创立了学校以宣传马克思主义思想，为党团之后的工作储备了优秀的人才，这也给广东地区的青年运动注入了新鲜的血液。团一大能在广州顺利召开，与陈独秀个人的革命号召力及其为党团互动的用心付出是分不开的。

为了团一大的顺利召开，党中央领导班子中的许多主要领导者在大会召开之前就到了广州，以提前确保会议的相关工作有序进行。共产国际也对青年团的工作表示出了相当的重视。1921年，共产国际的代表马林曾在广东考察了十几天，亲自参加了广东的青年集会并直接向群众宣传马克思主义思想和俄国的革命情况，这给广东的先进青年极大的鼓励。马林还提出了统一战线和进行反帝反封建革命的主张，为国共两党的第一次合作提供了理论基础和现实经验。这不仅提高了马克思主义思想在广东地区的影响力，还为团一大的顺利召开以及革命统一战线的建立作出了很大的贡献。

三是广东地区马克思主义思想的广泛传播，使其具有较好的思想、舆论基础。广州历来是开放的港口，经济贸易作为一种文化传播途径，为广州带来了西方的启蒙思潮。这里的群众因此具有较高的接受能力，这为马克思主义思想的传播提供了条件。宽松的政治环境使早期的共产党人能顺利地进行马克思主义思想的传播，推动了广东青年的思想开放。

广东地区最初了解较为系统的马克思主义，是从杨匏安的《马克思主义》一文开始。当时广州的青年受无政府主义的影响很大，加重了青年团组织和工作的涣散、混乱，阻碍了青年工作的开展。杨匏安的这篇文章为当时的混乱情况提供了新的思想武装，改善了青年团内部的思想危机。广东社会主义青年团在1922年进行改组，之后便确定了团是信仰马克思主义的组织。马克思主义在广东的广泛传播，不仅为广东社会主义青年团的建立奠定了思想基础，也为团一大在广州的召开做了思想上的准备。

三、团一大召开后的影响

团一大是青年运动的里程碑。随着它的召开，广东的地方团组织得到了迅速发展，这为中国共产党继续向前发展提供了奋斗的动力，对共产主义事业的发展产生以下深远的影响。

其一，团一大的成功召开为接下来的中共二大奠定了思想和群众基础。中国共产党早期的党、团工作实际上是结合在一起的，而党在工人运动上也投入了很多精力，因此，早期党、团中的领导者几乎是共同的。其中主要有团一大中和中共二大选举出来的中央执行委员，除两名同时兼任委员外，实际是8人，即陈独秀、张国焘、蔡和森、高君宇、邓中夏、施存统、张太雷、俞秀松，其余如广州党、团负责人谭平山等也作出了重要贡献。这些人中，有在1922年前后革命经历丰富者，有赴莫斯科参加远东各国共产党和民族革命团体第一次代表大会（简称"远东会议")者，有全国第一次劳动大会（简称"一次劳大"）、团一大或中共二大的组织领导者，也有工人运动领导者。他们对国内外革命形势认识清晰，革命经验和思想都得到了锤炼，为中共二大的召开奠定了组织基础。[①] 此次大会的召开，锻炼了早期共产党人的实践能力，还统一了思想，使党员们形成了理论基础上的共识，大大坚定了先进分子对无产阶级运动的信心，使中共在接下来的活动中有了更加统一的思想和更加坚定的群众基础。

其二，团一大后，中共中央派出领导或代表参加团中央的会议、指导青年团工作，或与团中央联合发出文件指导青年团工作，为青年工作和中国青年团运动指明了正确的发展方向。以广东的团建工作为例，团一大后，团中央派张太雷到广东指导团建工作。1922 年 5 月 28 日，广东社会主义青年团在广州越秀区素波巷举行会议，会议主要讨论了广东以及各个地区青年团需要改组的问题，并定下了改组的方案。同年 6 月 30 日，张太雷致信团中央执委会书记施存统，报告了广东团组织改组情况及孙中山与陈炯明公开冲突后广州的形势。1923 年 5 月，阮啸仙召集各团小组会议，成立了广州地委。阮啸仙等人为开创广东青年运动的新局面，注意从思想教育入手，启发团员的自觉性，并在此基础上给予必要的理论教育；还注意通过实际工作的锻炼来培养团员；同时，对严重违反纪律且教育无效者，给予必要的组织处分。广东社会主义青年团经过整顿，组织得到了迅速的发展。

---

① 陈彩琴：《一次劳大、团一大对中共二大的影响和作用》，载《上海党史与党建》2012 年第 8 期，第 9 – 12 页。

其三，为中国社会主义青年团广东地区第一次代表大会的召开作了充分的铺垫。1923 年 10 月中旬，广州召开了中国社会主义青年团广东地区第一次代表大会，迎着历史发展趋势，"会议讨论了国民革命运动、农民运动、学生运动、新学生社以及如何在全省各地开展建团等问题，会议还选举产生了团广东区执行委员会，由阮啸仙、刘尔崧、罗绮园、施卜、郭瘦真五人为执行委员，阮啸仙担任团广东区执委会委员长。各执行委员进行分工，郭瘦真任秘书，施卜任会计，罗绮园任编辑，刘尔崧则作为区执委特派员在各地活动。广东社会主义青年团从此有了统一的组织领导机构，为带领广大青年投身即将到来的大革命运动作了组织上的准备。从此，广东团组织进入新的发展时期"①。此次大会的召开有着重要的历史意义，为全省团的工作和青年运动提出了明确的方向和行动纲领，使广东社会主义青年团从此有了统一的组织领导。与此同时，全国各地的团组织活动也如广东地区一样，由于得到团中央的指导而更加蓬勃地发展，推动了革命事业的前进。正因为共产党人的不懈努力，才使"广东团的工作是全国三个最好的地区之一"②。

四、团一大的现实意义

团一大的召开对我国青年运动具有重大的意义，这次大会使

---

① 毕德：《民主革命策源地》，广东人民出版社 2016 年版，第 85 页。
② 毕德：《民主革命策源地》，广东人民出版社 2016 年版，第 85 页。

青年团真正成为我国近代青年运动的领导组织，组织、引领了广大青年为国家和民族前赴后继，开启了一个新的青年时代，也为当今的团工作提供了基本方向。

首先，要坚持党的领导地位。党团性质决定了团是党领导下的先进青年的群众组织，团员是党的得力助手和后备军。共青团只有坚持党的领导，才不会迷失方向。青年团在发展初期，在党的领导和帮助下，团员的数量和质量都有了很大的发展。任何时候，只有党团关系密切了，团员才能真正发挥后备军的作用。我国当前的团员数量已达八千多万，基层团组织也有三百多万个，团员在数量上相较以前有了巨大的飞跃；时代的发展使社会多样性广泛存在，要提高团员的质量必须坚持党的领导地位，坚持在党的领导下行动，提高团员向党组织靠拢的自觉性，由于团员中有70%以上都是学生，所以，学校里的党团教育尤其需要得到组织的重视。

其次，要坚持马克思主义的指导地位。团一大与马克思纪念大会同时召开，并非偶然。在共青团成立初期，马克思主义就已作为其思想信仰而存在。此次大会，在团的历史上意义十分重大，实现了青年团在思想上、组织上的全面统一，使团成为中国共产党领导下的战斗组织和中国青年运动的核心。[1] 陈独秀在团一大的报告中指出青年团就是依据马克思学说而成立的，因此，只有坚持最初的信仰——马克思主义，才能保持团的纯洁性，才

---

[1]　袁昕：《团一大前后青年团工作的历史经验与现实意义》，载《党史博采（理论）》2017年第9期，第28－30页。

能使团员不忘初心、牢记使命，在党的领导下为中华民族的伟大复兴永远奋斗。

最后，要坚持理论联系实际。青年团组织在团一大之前虽然也到工农群众身边宣传马克思主义思想，但由于团员在早期的工作中缺乏经验和群众基础，很少能够将马克思主义理论与实际相联系，让马克思主义思想深入到工农群众心中。而团一大召开之后，由于组织和纲领的成熟，青年同志开始针对早期群众活动中存在的问题提出解决办法，与能够团结的其他民主革命党共同努力，携手开展群众工作。这就是坚持理论和实际相结合的成果，事实也证明了这种思想的正确性。

结束团一大的考察后，在准备离开之时，看到许多游客在广场雕塑前面合影留念，一旁热心的志愿者主动帮助游人拍摄照片。革命年代早已过去，祖国欣欣向荣的发展或许抹去了很多革命时期的痕迹，但是，革命时期留下来的精神以及人们对革命先辈的敬佩之情还是留存在许多人心中。尽管如今网络的发达使信息获取的成本降低，但是亲临革命旧址更能使我们"穿越"历史时空，感受革命的热情。处于四通八达的羊城，我们应该尽量多去感受广州这个革命策源地的革命精神，坚定理想信念，更好地为国家和民族的发展作出自己的贡献。

（考察组成员：苏慕丹、王刘伟、庞玉瑛）

劳工民众勇担责——总工会在广州诞生

广东是近代中国工人运动的中心之一。20 世纪 20 年代，在国民革命运动的推动下，广东工人运动日益高涨。为了加强对工人运动的领导，根据中共中央的决定，1925 年在广州组建了中华全国总工会，并把它作为全国统一的工会领导机关，领导全国工人运动，由此实现了全国工会在组织上和政治上的团结与统一。在中国共产党及中华全国总工会的领导下，1925 年爆发了声势浩大的省港大罢工，这次罢工沉重打击了帝国主义，在中国乃至世界工人运动史上写下了辉煌的一页。无数像我们一样的人渴望着探索这样一段辉煌的历史。

一、首纪念：烈士英名万古传

坐落在广州市越秀南路 93 号的中华全国总工会旧址（如图 3-4 所示），隐藏于热闹的市区。其周围是整齐划一的小洋房、苍劲有力的树木、香气怡人的美食餐馆以及络绎不绝的人流，如果不是特意寻找，你很有可能忽视这一座黄墙红边的两层小洋楼。

图3-4　中华全国总工会旧址

　　背后是喧闹的街市，面对着肃穆庄重的中华全国总工会旧址，我们的内心充满敬意。旧址总建筑面积为1746平方米，圆拱形大门和雕花铁栅栏门扇构成了它的正门。由大门进入，就是旧址的前院，抬头仰望，发现是一座两层带地下室的砖木结构的西式洋房。

　　前厅的左边，矗立着"廖仲恺先生牺牲处纪念碑"。该碑高4.7米，碑身上小下大、尖顶，正面镌刻着叶剑英同志题写的"廖仲恺先生牺牲处纪念碑"，底座侧面镶嵌着刻有中国第三次劳动大会敬志的"廖先生纪念碑铭"的大理石。国民党左派领袖廖仲恺不屈不挠地奉行"联俄、联共、扶助农工"三大政策，始终坚持同共产党人合作，支持和领导工农革命运动，是推动中国国民革命发展的积极分子。他为了中国的革命事业鞠躬尽瘁，所做的这一切惹怒了国民党右派、封建军阀和帝国主义。因此，中外反动势力都欲置廖仲恺于死地。1924—1925年，中国国民党中央党部在惠州会馆内办公，廖仲恺任工人部部长。1925 年 8月 20 日上午 8 时，廖仲恺赴中央党部参加会议，突遭反动派暴徒暗杀，经抢救无效去世，终年 48 岁。邓颖超曾经评论："廖仲恺、何香凝先生一生为中国革命事业鞠躬尽瘁，建树了光辉的业绩。他们坚持原则，威武不屈，贫贱不移，廉洁奉公，不断进步，勇于牺牲的革命精神和高尚品德，永远值得我们尊敬和学习！"① 1925 年 9 月 21 日，中华国民党中央执行委员会决定建立纪念碑来纪念为国家事业鞠躬尽瘁的廖仲恺先生。该纪念碑原名为"廖仲恺先生纪念碑"，由蒋介石题写，汪精卫、谭延闿等曾为纪念碑题词，但在"文化大革命"期间被毁。1982 年，在廖仲恺先生牺牲 57 周年之际，该纪念碑重建并改为现名。

在前厅的右边，矗立的是"工农运动死难烈士纪念碑"（如图 3－5 所示）。该碑由花岗岩砌成，高 4.27 米，与"廖仲恺先生牺牲处纪念碑"相似，也是上小下大、尖顶。整个石碑分为 3级碑座，碑身正面阴刻"工农运动死难烈士纪念碑"，落款为"中国第三次劳动大会广东省第二次农民大会建""中华民国十五年五月十二日立"。最高一级碑座正面阴刻"中国职工运动死难烈士碑记"和历次反帝反封建职工运动死难烈士 127 人的名单；背面阴刻"广东农民运动死难烈士纪念碑"和广东农民运动死难烈士 25 人的名单。1926 年 5 月由中国第三次劳动大会、广东第二次农民代表大会联合兴建，以纪念反帝反封建的工农运动死难烈士。

---

① 邓颖超：《缅怀廖仲恺，纪念何香凝》，载《人民日报》1982 年 8 月 30 日。

图3-5　工农运动死难烈士纪念碑

　　沿着木质楼梯走上二楼，鞋子踩在木板上的回声，似乎是历史的回响。二楼正中位置是题为"工运领航者——中华全国总工会在广州"的背景墙，墙报上展现的是无数工农运动者在为工农运动而呐喊、斗争，有人手举镰刀等，他们高举"武装起来"的旗帜，脸上的表情果敢坚毅。

二、新觉醒：广东工人运动的崛起

广东由于自身的独特地理位置，是中国联系海内外的重要的海上通道和通商口岸之一，从古至今，都占据着重要的战略地位。鸦片战争后，西方资本主义国家利用广东的位置优势和原有的经济条件，兴办了一批近代工业，由此产生了最早的一批产业工人。随着近代工业的发展，广东开办了一批工业企业，诸如广东士敏土厂、广东钱局、广东兵工厂等。由此，广东成为中国第一代产业工人的产生地，也是中国工人运动开展最早、最发达的地区之一。

五四运动以后，中国无产阶级开始登上政治舞台，其斗争开始由自发阶段转入自觉阶段。20 世纪初期，旅欧、留日的青年知识分子最早接触到无政府主义。在无政府主义思潮的推动下，各行业工人的阶级意识逐渐觉醒，各种工会组织和各类刊物如春草怒生、蓬勃发展。当时较为著名的是共产主义者和无政府主义者合办的《劳动者》。这些刊物都有着同样的宗旨——号召工人组织起来进行斗争。

为了促进工人运动，1920 年 11 月，孙中山在广州组建了革命政权，明确提出"保护劳工""提倡工会""草拟工厂法"等主张，促进了广东工人运动的发展。为了进一步领导工人运动，1921 年中共中央局在上海成立了中国劳动组合书记部；同年 8月，中国劳动组合书记部南方分部在广州成立，南方分部主任由谭平山、冯菊坡先后兼任。

　　1921 年 3 月 6 日，香港中华海员工业联合总会在苏兆征、林伟民的带领下成立，"这是中国海员工人成立的第一个工会组织，也是中国最早的产业工会组织之一"①，因此，它的成立具有重要的历史意义。在联合总会的领导下，香港海员为了反对英国资本家的压迫剥削进行了许多次罢工运动。在这些运动中，涌现出了许多著名工农运动领导人诸如马超俊、苏兆征、林伟民、张太雷等。为了进一步加强对工人运动的领导，第一次全国劳动大会于 1922 年 5 月在广州召开。

　　国共双方的革命需求促使他们走上了联合的道路。20 世纪 20 年代，中共三大"开启党的统一战线的先河"②，决定实行国共合作的方针。同时在共产国际的帮助下，1924 年国民党一大正式确定了国共合作关系。在这次大会上，孙中山顶住党内右派的反动压力，提出了新三民主义，宣布了"联俄、联共、扶助农工"三大政策，为广东工人运动的进一步开展创造了有利的条件。国民党在这次大会上发表了《中国国民党第一次全国代表大会宣言》，制定了新的、进步的劳工政策："制定劳工法，改良劳动者之生活状况，保障劳工团体，并扶助其发展。"③ 国共合作形成后，在新成立的国民党第一届中央执行委员会上，专门成立了工人部，廖仲恺任部长，负责指导工人运动，冯菊坡任

---

　　① 吴明刚：《香港在中国革命中的历史地位》，载《福建党史月刊》1997 年第 10 期，第 26 – 30 页。

　　② 张静如主编，赵勇民、李颖副主编：《中国共产党全国代表大会史》（第 1 册），万卷出版公司 2012 年版，第 234 页。

　　③ 中华全国总工会中国工运研究所：《中国工人运动简史培训教材》，中国工人出版社 2015 年版，第 23 页。

工人部秘书。1924年11月，孙中山颁布了《工会条例》——中国历史上第一个以政府名义颁布的工会法规。"《工会条例》明确承认，工人有组织工会的权利。工会在其范围以内，有言论、出版及办理教育事业等自由。"① 两党合作的良好革命形势，为广东工人运动创造了良好的环境。1924年5月，国民党中央工人部组织成立了广州工人代表会，基本上实现了广州工人运动的统一。200多个工会代表参加了此次大会，孙中山到会发表了"中国工人所受不平等条约之害"的演讲。

广州工人代表会创办了工人运动讲习所，为工人运动提供人才；组织了沙面工人罢工，还组织了工人武装——广州工团军等。广东工人运动如雨后春笋般蓬勃发展，由此形成了工人运动的新局面，进一步促进了以广东为中心的全国范围内的工人运动新高潮的到来。

三、新起点：中华全国总工会的成立

1925年1月，中共四大在上海召开，其中心议题是：如何加强党对日益高涨的革命运动的领导。大会通过的《对职工运动之决议案》为中华全国总工会的成立作了思想准备和政治准备。大会明确提出无产阶级在民主革命中的领导权和工农联盟问题，强调成立工会帮助国民革命运动。中共四大的召开推动了全

① 中华全国总工会中国工运研究所：《中国工人运动简史培训教材》，中国工人出版社2015年版，第24页。

国工人运动的进一步发展。

国共合作后，中共广州地区的工人运动蓬勃发展。但是，工会组织的名目过多，种类复杂，影响了工人内部的团结。1925年，广州工人代表大会宣布成立，标志着"广东工会开始由职业组织走向产业组织，由分散走向统一，为广州工人运动的发展奠定了组织基础"①。1925年5月，第二次全国劳动大会在广州召开。大会通过了《中华全国总工会章程》，成立了中华全国总工会。大会产生了中华全国总工会执行委员会，其中，林伟民当选为委员长，刘少奇、邓培、郑泽生任副委员长。大会还决定了中华全国总工会加入赤色职工国际。② 1925年10月，中华全国总工会迁往惠州会馆。

中华全国总工会的成立，表明全国工会组织进一步实现了团结和统一。作为领导全国工人运动的总机关，中华全国总工会成立后，大力发展工会组织，创办工人学校，培训工人干部。1926年4月，第一次广州工人代表大会召开。该大会的召开提高了各工会对统一组织的认识。为了提高工人的思想觉悟和培养人才，1926年6月筹办了中国第一所培养工人运动干部的学校——劳动学院，邓中夏任校长。

在讨论这段历史时，必须认真了解邓中夏和罗亦农这两位人物。作为一名北京大学的学生，在当时的革命形势影响下，邓中夏研究马列主义，在加强自身理论教育的同时，积极投入反帝爱

---

① 中共广东省委党史研究室：《中国共产党广东地方史（第一卷）》，广东人民出版社1999年版，第99页。

② 杨德山、韩宇：《中共党史简明读本》，华文出版社2016年版，第18页。

国斗争，提高了实践能力。1920 年，邓中夏加入北京共产主义小组；1922 年 5 月，他担任中国劳动组合书记部主任。他曾领导长辛店铁路工人、京汉铁路工人、开滦煤矿工人大罢工。作为工人运动领袖、中国共产党早期领导人，他领导了多次工人运动，为党的事业鞠躬尽瘁。[①] 1925 年 4 月，邓中夏受党的委派，筹备并组织全国第二次劳动大会，成立中华全国总工会，其任秘书长兼宣传部部长。为响应五卅运动的号召，他组织和领导了著名的省港大罢工。同时，作为理论家，邓中夏对新民主主义革命理论的形成贡献良多。

罗亦农是中国共产党早期重要领导人之一，著名的无产阶级革命家。1916 年，罗亦农加入社会主义青年团。1921 年，罗亦农在莫斯科东方大学学习之时，成为中国共产党党员，成为一名坚定的革命者。1925 年，在中共中央的号召下，罗亦农回国，负责组织和领导群众的反帝反封建的革命斗争；发动了省港大罢工，提高工人群众的思想觉悟并组织革命力量，进一步推动工人运动的发展。后来在与陈独秀、周恩来、赵世炎等的共同合作下，发动了上海工人总罢工，在转为武装起义后，取得了第三次武装起义的胜利。1928 年 4 月 15 日，因叛徒出卖，罗亦农被租界巡捕逮捕，6 日后于上海龙华英勇就义。2002 年 5 月 17 日，胡锦涛在"纪念罗亦农同志诞辰 100 周年座谈会"上评价他为"中国共产党早期的重要领导人之一，是杰出的无产阶级革命家、著

---

① 王爱枝：《恰同学少年：毛泽东与师长学友的交往》，山西人民出版社 2014年版，第 40 页。

名的工人运动领袖""他的一生虽然短暂，但他的英名永载中国共产党和中国革命的史册"。①

同时，中华全国总工会组织工人支援统一广东革命根据地的战争和北伐战争，为推动全国工人运动第二次高潮的到来作出了重要贡献。

中华全国总工会会徽（如图 3 - 6 所示）的设计有着重要含义，主体选用汉字"中""工"两字，寓意"中国""工会"。同时，整体艺术造型呈重叠圆形，两字外加一圆线，象征着中国工会和中国工人阶级的团结统一。

图 3 - 6　中华全国总工会会徽

四、新高潮：省港大罢工

中华全国总工会成立后，上海的工人运动迅速发展起来。1925 年 5 月，上海日本纱厂资本家镇压工人罢工，枪杀工人代表顾正红，击伤十余人，这激起了各界群众的义愤；同年 5 月 30 日，群众在上海租界举行反帝游行，英帝国主义者射杀游行示威的工人、学生和市民，当场打死 13 人，重伤数十人，轻伤无数。这就是英帝国主义者制造的震惊中外的"五卅惨案"。顾正红事件发生后，党迅速指导上海工人成立了上海总工会筹备

---

① 胡锦涛：《在纪念罗亦农同志诞辰 100 周年座谈会上的讲话》，2002 年 5 月 17 日。

会。1925 年 6 月，为声援上海工人的"五卅"斗争，中共广东区委组织中华全国总工会、广州工人代表大会等团体，在国立广东大学（现中山大学）召开群众大会；同年 6 月 8 日，中共广东区委派邓中夏、苏兆征等赴香港，发动香港工人大罢工；同年 6 月 14 号，胡汉民、廖仲恺接见香港工人代表，表示接受全港同盟罢工；同年 6 月 19 日，香港、广州工人举行大罢工，罢工人数达 25 万人，历时 16 个月，这就是著名的"省港大罢工"。

罢工期间，中华全国总工会指导下的各地工人运动蓬勃发展。一方面，中共广东区委发动香港工人罢工，另一方面，"由冯菊坡、刘尔崧、施卜、李森、林伟民、陈延年组成'党团'，负责接待香港罢工工人"①。1925 年 6 月 23 日，在中国共产党的组织下，广州工农商学兵各界和港、澳各团体 10 余万人举行反帝游行。当游行队伍途经沙面对面的沙基时，遭到英、法帝国主义的开枪射杀，当场死亡 52 人，造成震惊全国的"沙基惨案"。此举遭到全国各界人士的激烈反对，这更加激起中国人民的民族义愤。广州各界举行"沙基惨案"死难烈士追悼大会。同年 6 月 26 日，中华全国总工会召集香港、沙面各工会代表 300 余人，商议决定成立省港罢工工人代表大会，作为罢工工人的最高议事机构；由罢工工人代表大会选举产生罢工委员会，作为"最高执行机关"。同年 7 月 3 日，中华全国总工会省港罢工委员会在广州东园成立。苏兆征、何耀权任正、副委员会委员长，廖仲

---

① 中共广东省委党史研究室：《中国共产党广东地方史（第一卷）》，广东人民出版社 1999 年版，第 120 页。

恺、邓中夏等为顾问。同年 7 月 10 日，省港罢工委员会宣布对香港实行武装封锁。为了领导省港大罢工，中共广东区委专门成立了一个罢工党团，邓中夏、李森先后任党团书记，作为党领导罢工斗争的机关。纠察队由邓中夏担任训育长，在一年内，发展成为封锁香港、坚持罢工的一支重要力量。省港罢工得到了世界各国无产阶级的支持，1925 年苏联海员就曾支援香港工人罢工，高举"帝国主义滚出中国"的标语。1922 年 3 月 8 日，历时 56 天的香港海员大罢工宣告胜利结束。1926 年 10 月 10 日，为了适应北伐后的形势，省港罢工委员会取消了对香港的封锁，结束罢工。罢工的胜利，沉重地打击了帝国主义者的嚣张气焰，展现了工人群众的伟大力量，推动了中国工人运动的发展。

省港大罢工，是广州、中国香港声援上海"五卅运动"而举行的反帝爱国运动。在中国共产党、中华全国总工会的组织领导下，成立了省港罢工委员会，武装封锁中国香港，有效地打击了英国帝国主义在中国香港的统治。罢工斗争历时 16 个月之久，将中国工人运动推向了新的高潮，也成为国际工运史上坚持时间最长的一次罢工。

省港大罢工和随后的广东工人运动的蓬勃发展，充分体现了作为新兴的中国工人阶级的力量，"是整个大革命运动洪波巨浪中的一股主流"①。中共广东区委通过这场大罢工，无论是理论水平还是实践水平都得到了锻炼和提高。毫无疑问，这是一个对

① 中共广东省委党史研究室：《中国共产党广东地方史（第一卷）》，广东人民出版社 1999 年版，第 120 页。

广东党组织的发展起到极大促进作用的大事件。

五、结语

一座建筑，承载了一段历史。1924 年 1 月至 1925 年 9 月，这里是中国国民党中央党部所在地。1924 年 7—10 月，这里成为第一、二届农民运动讲习所所址。1925 年 10 月至 1927 年 2 月，这里正式成为中华全国总工会会址。1959 年，中华全国总工会旧址纪念馆正式成立，并对外开放，由刘少奇题写的"中华全国总工会旧址"成为旧址的门匾。因此，从 1959 年至今，这个旧址就成了一个提醒人们铭记历史的纪念馆。

正如林语堂所言，"研究任何一时代的文学或任何一时代的历史，其最终和最高之努力，往往用于觅取对该时代之'人物'的精详的了解"①。这座建筑也留下了许多革命人物的身影，留下了他们奋斗的足迹。例如，后来成为国家主席的毛泽东，带领全国人民进行革命的孙中山，国民党左派领袖廖仲恺，中国农民运动领袖彭湃，广东农运领导人之一的罗绮园，等等。尽管历史逝去，但我们不曾忘记这些为国家民族奋斗的英雄人物。正是他们的视死如归，鞠躬尽瘁，才有我们如今的安稳生活。

中华全国总工会成立于轰轰烈烈的国民革命时期，其成立后，领导了各地工人进行各种形式的经济斗争和政治斗争。1927 年年初，随着中国革命中心的转移，中华全国总工会从广州迁往

---

① 林语堂：《吾国与吾民》，湖南文艺出版社 2018 年版，第 13 页。

武汉，并在广州设立了办事处，领导广州地区工人阶级的革命斗争。就这样，中华全国总工会与中国的革命同步，辗转大江南北，从广州到武汉，然后迁往上海、瑞金，最后落脚于北京。

历经90多年的光辉岁月，新的历史起点，赋予了中华全国总工会新的历史使命。在离开中华全国总工会旧址的最后一瞬间，抬头瞥见墙外绽放的杜鹃花。绚烂开放的杜鹃，象征着人们对美好生活的向往和追求，也象征着国家的繁荣昌盛和人民的幸福生活，预示着在中国共产党的领导下，中华民族必将实现国家富强、民族振兴、人民幸福。

（考察组成员：庞玉瑛、苏慕丹、王刘伟）

为大局谋定后动——中共三大一锤定音

广州作为一座现代化大都市，在国内乃至国际上都享有盛誉，而且其在近现代中国革命、建设和改革过程中亦起着无可替代的作用。在这座繁华而热闹的城市，随处可见历史的踪迹，繁华的现状并没有掩盖历史的光芒，反而是我们寻找历史的重要线索。

1923年6月12日至20日，中国共产党第三次全国代表大会在广州召开。这是历史上中国共产党唯一一次在广州召开的、具有重大历史意义的全国代表大会，其对中国革命具有不言而喻的重要影响。为了更深入地了解这座城市，了解中共三大召开的前因后果，我们考察小组背起行囊，共同去探究这段历史。

走出地铁站，穿过人群熙熙攘攘的街道，来到了中国共产党第三次全国代表大会会址。为了避开人流高峰，我们特意挑选了工作日前来考察，原以为当日此处会人流较少，但当我们在砖红色的会址前面，看到三三两两的小团体以及排着整齐队伍的大团体时，不禁发自内心地感慨：历史虽已过去，但它从未被遗忘。

一、历史背景

正式进入展厅之前，在大门前看到的是一块刻有"全中国国民革命者联合起来"的红色石碑（如图 3 - 7 所示）。这句话出现在 1923 年 8 月 1 日《中国共产党对于时局之主张》，目的是呼吁全国人民团结一致，共同击退敌人。我们不由得想起《共产党宣言》里的伟大号召："全世界无产者联合起来。"

图 3 - 7　中共三大会址纪念馆

中共三大会址原为一幢两层砖木结构金字瓦顶的房屋，坐西朝东，一层南北两间分别为会议室和餐厅，楼上为部分会议代表宿舍。1938 年，该会址被侵华日军炸毁，后来经过挖掘和修缮，开始对外开放（如图 3 - 8 所示）。

图3-8　中共三大历史陈列厅内浮雕

中共三大选择在广州召开，与共产国际要求中共中央迁往广州的指示是密切相关的。许多关于这方面的档案，来自共产国际在华工作全权代表利金给共产国际执委会远东部的报告。在1922年5月的报告中，利金明确提出了"把工作重心转移到广州"，原因是"1. 现在在南方有广泛的合法条件；2. 在广州有最先进的工人运动；3. 最后，广州是国民党的活动中心"[①]。利金认为，广州作为孙中山领导下的国民党进行革命活动的根据地，能够吸收更多的革命力量；同时，广州具备革命的合法条件和先进的工人运动，具有增强共产党和群众联系的可能性。共产国际代表马林在给共产国际执委会的报告中再次提出了将中央局

① 中共中央党史研究室第一研究部：《共产国际、联共（布）与中国革命档案资料丛书·第1卷》，北京图书馆出版社1997年版，第95页。

迁往广州的主张，因为在那里共产党"可以公开工作"①。共产国际领导人非常重视利金和马林的建议，并于 1922 年 7 月 18 日作出中共中央"立即将驻地迁往广州并与菲利浦（即马林）同志密切配合进行党的一切工作"的决定。②

根据解密档案可知，共产国际内部对于中共中央迁往广州这件事意见不一。共产国际执委会东方部远东局局长维经斯基就对此决定表示异议，他认为华中和华北才是中国工人运动的主要基地。

这个中共中央迁粤的决定刚开始并没有得到中共中央领导人的同意。1922 年 8 月 29 日至 30 日，杭州西湖会议召开。虽然会议上陈独秀、李大钊、张国焘、蔡和森、高君宇赞成国共合作，但是会后并没有参照共产国际的意见将中共中央搬到广州，而是在同年 9 月迁往北京。1923 年 2 月，吴佩孚镇压京汉铁路工人大罢工，制造了二七惨案。③ 中共中央机关迁回上海。后在马林的催促下，中共中央才迁往广州，开始筹备三大的具体事宜。

在中共二大上通过《中国共产党加入第三国际决议案》，"完全承认第三国际所决议的加入条件廿一条，中国共产党为共产国际之中国支部"④。在此后的很长一段时间内，第三国际成

① 中共中央党名研究室第一研究部：《共产国际、联共（布）与中国革命档案资料丛书·第 2 卷》，北京图书馆出版社 1997 年版，第 239 页。

② 中共中央党史研究室第一研究部：《共产国际、联共（布）与中国革命档案资料丛书·第 2 卷》，北京图书馆出版社 1997 年版，第 321 页。

③ 李超：《中共三大与广州：兼论中共三大精神的传承》，载《广东省社会主义学院学报》2017 年第 4 期，第 89–93 页。

④ 沈友军：《不断完善的中共领袖产生与新老交替机制》，载《中共云南省委党校学报》2012 年第 3 期，第 77–80 页。

了中国共产党的实际领导者。早期，共产国际对中国革命的确起到了引导指挥作用，但是后来的"左"倾错误以及出于本国利益的考量，而置中国的国家利益于不顾所做出的种种事务决策，也是我们不得不反思的。以大革命为例，陈独秀的右倾错误很大程度上是由于尚处在幼年时期的中国共产党在莫斯科的控制下难以自主决策。中共中央不能根据自己的实际情况独立自主地决策，而是听命于远在莫斯科的共产国际，这是中国革命多次遭遇挫折的原因之一。

经过多方努力，中共三大得以顺利召开。中国共产党领导的第一次工人运动高潮的出现，充分说明中国革命需要政党的正确领导；同时充分显示出工人阶级具有别的阶级不具备的优点，即具有改变中国命运的强大力量。但面对强大的敌人，工人运动遭到了帝国主义和军阀的残酷镇压，严重受挫。血淋淋的历史教训使共产党人意识到建立革命统一战线的重要性，即面对敌强我弱的现状，仅仅依靠工人阶级的努力是不够的，工人阶级必须与其他阶级结成广泛的革命统一战线，才能战胜强大的敌人，才能取得革命的最终胜利。

中国共产党由最初的不与其他任何党派、团体建立联系和开展合作的政策转向与国民党合作组建革命统一战线的方针，正是因为在一连串的挫折中，中国共产党意识到联合的重要性。在《中国共产党第一个决议》中就曾声明："对现有其他政党，应采取独立的攻击的政策。在政治斗争中，在反对军阀主义和官僚制度的斗争中，在争取言论、出版、集会自由的斗争中，我们应始终站在完全独立的立场上，只维护无产阶级的利益，不同其他党派建立任何关系。"① 然而，革命的严峻性与自身力量暂时的有限性也让党根据时局做出相应之策。正如毛泽东同志曾明确指出："认清中国社会的性质，就是说，认清中国的国情，乃是认清一切革命问题的基本的根据。"② 在三大召开前后，中国共产党广泛开展革命实践，积极探索中国的革命问题，对于国内外的形势、中国的社会现状和革命事迹有了较为全面的认识。这也是中国共产党能够在三大做出"党内合作"这一实事求是决策的原因。

作为中国民主革命的伟大先行者，孙中山进行了多次艰苦奋斗，却屡次遭遇了革命的失败。若从国民党的角度来看，孙中山在经历了多次革命失败的事实后，其革命理念产生了重大变化，决心接受苏俄政府和中国共产党的帮助，对国民党进行整顿和重组，支持中国国民党与共产党进行党内合作，共同开展国民革命运动。

因此，中共三大的胜利召开，既是国共双方共同作用的结果，也离不开共产国际的帮助。

二、三大召开谱华章

了解了历史发生的背景，有了对事件的初步印象，更有利于全面掌握历史的进程，了解历史脉络。于是我们开始了考察会馆

---

① 中央档案馆：《中共中央文件选集·第1册》，中共中央党校出版社1989年版，第9页。

② 毛泽东：《中国革命和中国共产党》，载《毛泽东选集（第二卷）》，人民出版社1991年版，第633页。

的第二部分：中共三大的召开。

1923 年 6 月，十几位来自全国各地的中青年人走入了广州东山恤孤院路后街 31 号（现恤孤院路 3 号）——一幢两层楼高、设有骑楼的典型旧式广州民居。他们难掩心中的激情，在这里谱写了中国共产党历史上的重彩华章。纵然革命形势严峻，革命条件艰苦，依然没能阻挡他们对革命信仰的追求。写到这里，我们想起习近平总书记曾在多种场合强调理想信念的作用，"理想信念就是共产党人精神上的'钙'，没有理想信念，理想信念不坚定，精神上就会'缺钙'，就会得'软骨病'"①。因此，如果没有理想信念的支持，革命是不可能坚持下去的，人们是不可能穿过黎明前最黑暗的时光，迎来最后的光明的。

会议的召开并非一帆风顺。此次会议的中心议题是讨论与国民党合作、建立革命统一战线的问题。② 由于在讨论中代表们的认识不一致，他们之间发生了激烈的争论，张国焘、蔡和森等人和马林、陈独秀形成了相互对立的两派。

陈独秀通过具体分析中国社会各阶级的具体情况，尤其是工人阶级的状况，指出实行国民革命是由当前中国的现实情况所决定的，与国民党合作也是由国情决定的，"这个合作将达到两个目的：其一，共产党通过批评和纠正国民党的错误，扩大国民党的组织，使国民党成为凝聚革命力量的旗帜；其二，共产党利用同国民党合作的平台，对当前正在进行的国民革命'施加巨大

---

① 徐久刚：《感悟"四个意识"》，载《党史文汇》2013 年第 5 期，第 61－62 页。
② 陈建华、贡儿珍：《广州史话（中国史话）》，社会科学文献出版社 2015 年版，第 48 页。

影响'。国民革命成功后，共产党的力量方可得到发展"①。而张国焘等人反对与国民党合作，尤其反对工人加入国民党，认为那样将使无产阶级的思想混乱，提出共产党不应依靠别的政党而应该独立开展工人运动。经过激烈讨论，大会决定接受共产国际关于同国民党实行党内合作的指示。因此，"包括陈独秀在内的中国共产党人由反对同国民党合作，到主张党外合作，再到接受党内合作的过程，是在马林和共产国际不断推动下，逐渐对中国的国情、党情获得正确认识的过程"②。经过会上的激烈讨论，大会最终作出了中国共产党同中国国民党进行合作的指示，通过了《关于国民运动及国民党问题的议决案》《中国共产党第三次全国代表大会宣言》等文件。这些文件的核心内容是"共产党员以个人身份加入国民党，采取党内合作的形式，同国民党建立联合战线，以完成反帝反封建的国民革命的重要任务"③。

作出以党内合作的形式与国民党合作这个决定并没有那么顺利。毛泽东在《中国社会各阶级的分析》中指出："谁是我们的敌人？谁是我们的朋友？这个问题是革命的首要问题。"④ 所以，在统一战线中首先考虑这个重要问题。由此可见，一个政党做出一个决定是经过深思熟虑、三思而后行的。在当时复杂的国内和

---

① 尚连山、苏若群：《从解密档案看中共三大的三个问题》，载《中国党史研究》2013 年第 9 期，第 123 – 126 页。

② 尚连山、苏若群：《从解密档案看中共三大的三个问题》，载《中国党史研究》2013 年第 9 期，第 123 – 126 页。

③ 熊月之、陈绛、姜义华等：《大辞海·中国近现代史卷》，上海辞书出版社2013 年版，第 414 页。

④ 毛泽东：《中国社会各阶级的分析》，载《毛泽东选集（第一卷）》，人民出版社 1991 年版，第 3 页。

国际环境下，斗争对象和合作对象的选择是革命过程中的一个重要问题。在考虑当时的革命形势后，中共三大正式决定让共产党员以个人的身份加入国民党，从而实现国共合作。

三大通过了各项提议。其中，提出要把党建成一个群众性政党。由此，党开始了对自身建设的初步的、富有成效的探索：重视发展党员，增加党员数量，提高党员素质；建立党的组织，建设党的队伍。这也为中国共产党成为群众性政党，坚持群众观点和群众路线奠定了基础。

在会议讨论过程中，各种不同意见都可以自由表达，充分表现了党内民主。虽然以马林为代表的共产国际、陈独秀等事先已经表明必须实行国共合作的路线，但三大会议并非"一言堂"，而是广开言路、集思广益，使各共产党员能公开表达自己的意见；即使对持反对意见的成员，也不采取偏激的高压政策和打击手段，而是以理服人，自觉开展批评与自我批评。陈独秀在三大上所作的报告充分体现了自我批评这一品质，他公开批评了中央委员会的错误决策，其中包括自己的工作失误。

三大会议体现了党内批评与自我批评的民主精神。批评与自我批评的精神在任何时期都不过时。中国共产党从成立之日起，就高度重视批评与自我批评的民主制度。批评，能使党正确认识到在发展过程中的不足，吸纳更多来自外部的意见，从而在行动上完善自己；自我批评，更能体现党的诚意，体现中国共产党是真心实意为人民服务的。民主的党风以及批评与自我批评的作风，在中国共产党领导的整个革命、建设和改革过程中都起着重要的作用。

三、三大深远的红色教育意义

中共三大会址是全国爱国主义教育示范基地，全国廉政文化教育基地，广东省反腐倡廉教育基地，广东省和广州市的党员教育基地、党史教育基地和青少年教育基地等。将中共三大会址作为红色教育基地，是传承和弘扬广州文化的重要资源，具有深刻的红色教育意义。岁月沧桑带不走红色记忆，以史为鉴具有了解过去、把握当下、展望未来的重要意义。

中共三大的召开，体现了中国共产党实事求是的精神。三大召开时，中共正处于幼年时期，对很多问题都没有充分的认识，领导人和各级党员干部都未能充分认识到中国的国情发展。陈独秀作为当时的中共领导人，在会议开始时就勇于正视工作中的不足之处，通过批评与自我批评，直截了当地提出了中央在过去工作中的问题。这种对于问题不回避、不遮掩的态度，促进了中国共产党不断地完善自我，成为一个更加优秀的政党。

正如前文所提到的，中国共产党一开始并不主张国共两党合作，但是在后来的工人运动被镇压的挫折中，充分认识到仅仅依靠自己的力量不足以打败强大的敌人的。于是，在共产国际的支持下，中国共产党以党内合作的形式与国民党合作。这种思想的转变在很大程度上反映了中国共产党实事求是的精神，而这种精神，一直贯彻在中国共产党领导事业的过程中。

中共三大的胜利召开，推动了国共合作的历史进程，确立了国共合作的方针。中国共产党各党员大力宣传国共合作的方针，帮助国民党改组，对于共产党自身以及国民党都有着重大的历史作用。在中国共产党和共产国际的大力支持下，中国国民党第一次全国代表大会在广州成功召开，在会上孙中山重新解释了三民主义，提出"新三民主义"，这成为国共合作的政治纲领；确立了"联俄、联共、扶助农工"三大政策，团结了众多革命力量；至此，标志着第一次国共合作正式形成。在第一次国共合作以前，国民党活动的区域基本上局限于广东等少数地方，在全国范围内仍缺乏强大的力量。国民党一大后，在国共合作的政策支持下，全国各地的国民党组织和革命力量得到了迅速发展，比如我们熟知的黄埔军校便是国共合作的历史见证。

中共三大的召开，促进了工农群众运动的高涨。在三大以前，由于工人运动遭到了军阀和帝国主义的镇压，尤其是"二七惨案"的发生使原本如火如荼的工人运动转入了低潮。[1] 而在三大召开后，中共广州地委领导了沙面工人罢工，反对侮辱中国人的"新警律"，斗争取得了胜利。这是自"二七惨案"以来，全国工人运动复苏的标志。[2] 1925 年在广州召开的第二次全国劳动大会决定成立中华全国总工会，进一步推进工农群众运动的发展。

此外，中共三大促成了统一战线的确立，中共三大开创了党的统一战线的先河。毛泽东在与埃德加·斯诺谈话时说："一九二三年，共产党第三次代表大会在广州举行，大会做出了有历史

---

[1] 李颖：《走近中共三大》，载《百年潮》2013 年第 6 期，第 30–36 页。

[2] 李超：《中共三大与广州：兼论中共三大精神的传承》，载《广东省社会主义学院学报》2017 年第 4 期，第 89–93 页。

意义的决定：参加国民党，和它合作，建立反对北洋军阀的统一战线。"①

中国共产党自成立之日起，无论是在革命、建设还是改革的过程中，都不断总结经验教训，始终坚持和完善统一战线的方针，团结一切可以团结的力量，结成最广泛的统一战线，最终战胜了强大的敌人，也实现了自身的发展。

四、结语

中国共产党始终坚持建立统一战线，无论是在北伐战争、抗日战争、解放战争中，还是在三大改造、社会主义建设中，特别是在改革开放和社会主义现代化建设中，统一战线发挥着越来越大的作用。总而言之，在中国的各个时期，统一战线都是不可或缺的，始终发挥着不可替代的作用。

统一战线不仅是中国共产党夺取革命、建设和改革事业胜利的重要法宝，② 而且也是中国共产党在新时期凝聚人心、汇聚力量的政治优势和战略方针。习近平总书记在党的十八大报告中强调："全党一定要自觉维护党的团结统一，保持党同人民群众的血肉联系，巩固全党各族人民大团结，加强海内外中华儿女大团结，团结一切可以团结的力量，齐心协力走向中华民族伟大复兴

---

① ［美］埃德加·斯诺：《红星照耀中国》，人民教育出版社 2018 年版，第 120 页。

② 中国统一战线理论研究会：《统一战线理论研究成果蓝皮书》，华文出版社 2012 年版，第 34 页。

的光明前景。"①

　　"统一战线是党的事业取得胜利的重要法宝，必须长期坚持。"②在中国革命、建设和改革的不同历史阶段，统一战线始终扮演着重要且不可替代的角色，有革命统一战线、工农民主统一战线、抗日民族统一战线、人民民主统一战线和最广泛的爱国统一战线等不同的提法。大革命时期，建立革命统一战线，打击了北洋军阀的气焰；抗日战争时期建立抗日民族统一战线，打败了日军侵略者，获得了世界反法西斯战争的胜利；解放战争时期，在国统区形成了"第二条战线"，参与建立了新中国；在社会主义革命和建设时期，基本建立了社会主义制度，从而团结一切可以团结的力量，进行社会主义建设；在改革开放时期，国内外的人民团结起来，为中华民族的伟大复兴而努力奋斗⋯⋯

　　统一战线在不同的历史时期，被赋予不同的历史使命。在新的历史时期，我们更要坚持统一战线，团结一切力量，完成社会主义现代化建设，实现中华民族的伟大复兴。

　　　　　　　　　　（考察组成员：庞玉瑛、王刘伟、苏慕丹）

---

　　①　胡锦涛：《坚定不移沿着中国特色社会主义道路前进为全面建成小康社会而奋斗：在中国共产党第十八次全国代表大会上的报告》，2012 年 11 月。
　　②　习近平：《决胜全面建成小康社会夺取新时代中国特色社会主义伟大胜利：在中国共产党第十九次全国代表大会上的报告》，2017 年 10 月。

革命种子养成所——农讲所的革命火种

农讲所，全称是广州农民运动讲习所，原为番禺学宫，是明清广东番禺县为培养国家所需儒生和祭祀孔子诞辰的地方。农民运动讲习所坐落在广州市越秀区繁华的街道旁，占地面积约 1.5 万平方米，始建于明洪武三年，即 1370 年。

大革命时期，广州农民运动讲习所是培养农民运动干部的场所，是国共合作的重要历史见证。这里也是毛泽东担任过农民运动讲习所所长的地方，他向前来参加培训的学员讲授中国的农民问题、农村的社会教育以及地理等学习课程，在此期间，他还参与编辑了《农民问题丛刊》等刊物。萧楚女、彭湃、周恩来等均在这里担任过农讲所的教导人员，并亲自讲授政治、文化等科目的课程。此外，广州农民运动讲习所还聘请了社会各界知名人士前来为学员进行专题演讲，如郭沫若、何香凝等就曾参与过这些活动。

广州农民运动讲习所的学员来自全国 20 多个省区。这些学员来到农讲所不仅进行相应的军事训练，还会学习应用于革命实践的专题理论。在学习期间，学员还会到海陆丰等地农村参观学习，以便理论指导实践。学员从这里毕业后，会被派遣到全国不同的地区，在农村进行革命运动教育活动。农民运动讲习所的革命理论和实践教育，不仅是中国农村革命事业的星星之火，而且书写了中国革命历史上的重要篇章。

这座红墙黄瓦的高大院落给人的感觉有些清冷，它的古朴与四周的高楼大厦以及门外的喧闹形成了显著差异。当年如火如荼的农运演讲以及革命的热情，现如今只剩下寥寥数幅照片和一些解说词。这座陈旧的院落充盈的强烈的历史气息，在我们走进门的一刹那就扑面而来。当我们真正走进院落时，组员们都很开心，将跨进农民运动讲习所比喻为步入史书的重要一步。在农民运动讲习所前院的泮池、石拱桥、小耳房、走廊、成殿，都成为组员们述说的现实景观。此刻，这些静止的历史建筑物，仿佛一下子从沉睡的历史中变得鲜活和生动起来了。

一、历史背景

国共合作的深入促进了国民革命运动的快速发展。广州市以及花县等地的农民运动被发动起来，海陆丰地区以及东江等地的农民运动也得到了不同程度的发展。从当时的社会背景来看，中国共产党人的积极领导和宣传是农民运动能够广泛兴起的重要原因。1923 年，中共三大召开，会议讨论并通过了《劳动运动议决案》《农民问题决议案》。① 1924 年，中国共产党再次领导召

---

① 《第一次国内革命战争时期的农民运动资料》，人民出版社 1983 年版，第15 页。

开了扩大会议，并对各地的宣传以及农民组织的发展等问题进行了讨论，这次会议提出党要不断坚持武装农民、实现乡村地区的自治、反对向农村地区收取苛捐杂税。为尽快实现农民组织运动的合法化，中国共产党急需能够组织和领导农民运动的地方干部，并在此基础上号召广大人民群众加入革命者的行列。为此，中国共产党党员彭湃向国民党中央提议创办农讲所，以此实现革命领导队伍的壮大，后经国民党中央会议讨论并通过了这一提议。广州农民运动讲习所是第一次国共合作确立后，在广东国民革命政府高度重视下创办的。1926 年 5 月，第六届农民运动讲习所举办，当时由毛泽东担任所长，周恩来、彭湃等担任农讲所的教员，全国共有来自 20 多个省、区的 300 多名学员参与了学习。1953 年，经省政府批准决定修复农讲所旧址，建立农讲所纪念馆，周恩来亲自为农讲所题名。1961 年，广州农民运动讲习所被划归为全国重点文物保护单位之一。2001 年，中共中央宣传部将农讲所列为全国爱国主义教育示范基地。此后，农讲所还被命名为红色旅游景点等。

农讲所每年都会举办以爱国主义和革命主义精神为主题的各种陈列展览。农讲所自建成以来，已经接待了参观群众 2000 多万人次，其中包括来自世界各地的友人。

二、"农民干部培养所"

走进农讲所的院子，由周恩来题写的"毛泽东同志主办农民运动讲习所旧址"一行大字便映入眼帘（如图 3 - 9 所示）。

这行大字采用了红色做背景，并被灰色的瓦房映衬得格外艳丽。

图 3 - 9 农讲所

1926 年，毛泽东等人在这里开办的第六届农民运动讲习所，是大革命时期农民干部的官办培养学校。它本是建于明代的孔庙祭祀场所，清代为番禺学宫所在地。

这些古建筑群高大宏伟，院落是红墙黄瓦传统建筑风格，主体建筑物呈现出坐北朝南的格局，由棂星门、拱桥、大成门等从南至北鳞次栉比地排列组成，院落两边是高大的庑廊（如图 3 - 10 所示）。农讲所的大门是花岗岩雕琢的棂星门。与大门相连接的是坐落在前院的泮池，这座泮池的中间架设着石拱桥，过桥以后就能看到由花岗石板铺设的砖石通道，这条石道直通正门的大成门。走过大成门以后，能看到院内郁郁葱葱，木棉、龙眼等古树生机盎然。1961 年，这样一个不大的院落被列为全国重点文物保护单位之一。

图 3 –10　农讲所的庑廊

当我们站立在大成殿石像前面，仿佛看到了 32 岁的毛泽东，穿着一身长衫、撑着一把油伞，步履稳健地向我们走来，从此，这个院落具有了重大的历史意义，成了无数学员学习革命理论知识的学校。

这里之所以能闻名全国，是因为承担了近代革命史上农民运动干部的培育工作，成了革命火种的传播之地。毛泽东曾在这里专心研究中国农民运动的宣传与动员等问题，培养出一大批农村急需的农运干部，他们毕业后分赴各地领导农民革命运动。从某种意义上来说，农讲所唤醒了无数迷茫中的农民群众，为新民主主义革命的推进提供了坚实有力的基础。

我们无法推知农讲所学员当年以怎样的斗争精神在这个院落里学习，又是经过怎样的训练后被派遣到农村领导农民运动，可以明确的是，毛泽东从农讲所走出来后，在湘赣边界领导并发动了秋收起义。毛泽东成功地将在农讲所对农民问题的研究成果应用到了中国革命的实践当中。

历史研究的最终目的是服务于当今社会的发展实践，与今天我们参观农讲所的目的具有异曲同工之处。与外界的喧嚣不同，农讲所院内的静谧让我们真实地感受到世事的变迁，我们不应该忘记历史上发生的事件以及无数历史人物的行为，因为这些都对历史的发展和走向产生着深远的影响。

三、革命火种养成记

大革命时期，毛泽东曾经先后三次到广州参加革命运动。1923 年 6 月，毛泽东第一次来广州是参加中国共产党第三次代表大会，在这次会议上毛泽东被选为中共中央委员、秘书。1924 年 1 月，毛泽东第二次来广州是参与国民党改组的工作，并作为中共代表出席了国民党一大。1925 年 9 月，毛泽东第三次到广州是担任国民党中央宣传部代理部长的职务。随后，毛泽东在担任第六届农民运动讲习所所长期间，为中国共产党领导下的农民运动培养了大批农民骨干。这期间毛泽东日常办公的地方原是番禺学宫更衣室，毛泽东经常在这里会见教员、学生。从现在展览厅的展览中可发现，毛泽东在这里的生活是异常俭朴的，从中可以看出一个共产党员优良的生活作风。

在参观农讲所时，讲解员为了吸引大家的注意，说了一句意味深长的话："毛泽东当年在这里工作有三个办公室。"讲解员紧接着对这一问题解释道："毛主席的餐厅和卧室事实上也是他的办公场所。"在参观的过程中，我们看到了角落里那张不起眼的床，不禁猜想，许多为革命献身的同志大概也把吃饭和睡觉的地方当成工作场所了吧。

彭湃领导了第一届农讲所，毛泽东则是在第六届农讲所担任领导职务。前两届农讲所最早在越秀南路举办，到第六届农讲所才正式迁移到原番禺学宫。农讲所不仅讲授国民党的三民主义，还讲授中国以及世界各国的革命史实。农讲所六期培养学员共计700多名，这些学员毕业后成为农民运动发展的重要推动力量。

从操场矗立的石碑上我们获知，当时农讲所的学生每个星期都要进行训练，重点是军事方面的训练。如今的农讲所里，仍可见到当年的各类办公室、教务部等，因为都是按照原貌进行布置的。

破旧的值班室牌子悬挂在门前，里面有一台时钟、一张简陋的书桌和一个放报纸的架子。所有摆设都十分简陋，使中国共产党人勤俭节约的形象呈现在人们的脑海中（如图3-11所示）。

图3-11　值班室

原番禺学宫的大成门被改造成农讲所的教务部，教务部负责学员的日常管理和组织等各项具体工作，当时由萧楚女等任教员。从外向里望去，一排排整齐且简陋的书桌，统一摆放着笔墨纸砚等学习用具，仿佛看到了当年学员们书写的场景。

各种图片和文物整齐地摆放在展柜内，让参观者真切地感受到历史的气息与充满革命热情的情景。学员们用过的各种学习和生活用品、一张张泛黄发皱的文件以及毛主席在为农讲所学员们授课的动画场景，仿佛让人走入了那个年代。

我们还参观了广州农民运动讲习所的陈列。"星星之火，可以燎原"这八个字，具有撼人心魄的气势和力量，代表着中国共产党人全心全意为人民服务的宗旨，有一种坚定不屈的革命气势。展馆里还陈列着当年学员们的军装、奖状等。我们就像在观看一部悠长的历史剧，已经穿越到了当年学员们生活和学习的地方。

农讲所的开办是大革命时期国共两党合作的重要历史见证，最终推动了中国革命历史的进程。短暂的两年时间，农讲所共办了六届，培育了推动农民运动发展的领导干部，这也对中国革命事业的发展作出了巨大的贡献。农讲所是中国革命史上重要的篇章，主要体现在以下四点：一是农讲所学员毕业后皆投身到农村革命的运动实践中，他们运用所学知识宣传、组织和领导了各地的农民运动，还组织起农村特有的农民协会，在反对帝国主义、封建军阀和地主阶级的斗争中英勇向前，使北伐战争向前推进。二是农讲所学员在各地建立了中国共产党领导下的农民运动组织，进一步壮大了革命群众队伍。中国共产党培养的革命干部推动了革命事业的发展。三是农讲所走出的许多教职员以及学员参与到革命运动的实践中，有些教职员和学员为中国革命事业献出了自己的生命。四是中华人民共和国成立以后，原农讲所的教职员和学员仍为新中国的建设事业努力工作和勇于奉献。

四、农讲所走出的中共名人

广州农讲所跟中共的历史密切相关，从这里也走出了很多中共名人。①

第一届学员高恬波（如图 3 - 12 所示），广东妇女运动先驱，广东惠阳人。1919 年，高恬波在广东参加了五四运动。1923 年，她在广东申请加入中共社会主义青年团。1924 年，她成为一名中国共产党党

图 3 - 12　高恬波

员，也因此成为广东第一个女共产党党员。大革命时期，国共合作日益密切，高恬波担任了国民党中央妇女部的干事，是何香凝开展工作的得力助手。1924 年 7 月，高恬波参加了第一期农民运动讲习所的学习和训练。从农讲所毕业后，她长期在花县、顺

① 魏雅丽：《从广州农讲所走出去的中共名人》，载《广东党史》2010 年第 5 期，第 33 - 37 页。

德等地奔走。她在宣传农运的过程中被农妇们称为"活观音"，何香凝高度赞誉她，认为她"可以留名于后世"。大革命失败后，面对国民党反动派的威胁，她曾自信且坦然地说："我现在只求一死。"①

第五届学员毛泽民（如图 3 - 13 所示），湖南湘潭韶山人。1921 年，他参加革命事业。1922 年 10 月，他成为一名中国共产党党员。1925 年 9 月，毛泽民进入广州农民运动讲习所学习农运知识，接受各方面的训练。学习结束后，他长期从事党的秘密工作。1931 年，在中央革命根据地，他担任经济部长的职务。

图 3 - 13　毛泽民

1934 年 9 月，毛泽民兼任对外贸易总局的局长，全面领导中央苏区的银行、财政等经济工作。第五次反围剿失败后，他参加了红军长征。毛泽民长期担任财政领导工作，始终廉洁奉公。他经常说："不能乱花一个铜板，领导干部要带头艰苦奋斗。我们是为工农管钱，为红军理财的，一定要勤俭节约！"②

经查资料，我们方知，毛泽东曾对别人说起："我到长沙去读书，是泽民送我去的。他穿的是短褂，帮我挑着行李，外人看

---

① 转引自《高恬波：广东省第一位女共产党员》，见光明网（http://news.gmw.cn/2018 - 06/20/content_29349295.htm）。

② 转引自党史学习教育官网（http://dangshi.people.com.cn/GB/144964/145472/index.html）。

来，就像是我花钱雇的一个挑夫。他定期到长沙来，为我送米送钱。有一次，他送钱来晚了几天，我很不高兴，就责怪了他，他也不吭声。临回韶山前，他才告诉我，今年收成不好，为了把谷子卖个好价钱，他跑了好几百里路喔。他走后，我惭愧了好多天。没有泽民，我哪里能到长沙来读书啊。"[1]

五、结语

新民主主义革命时期，无数仁人志士为了革命事业投入到革命战斗中，有许多人牺牲在革命战场。

这次考察农讲所的活动，让我们受益匪浅。在考察的过程中，我们能感受到革命先烈们生活和学习环境的艰辛，这让我们更加坚定了要珍惜现在的生活，培养革命信念的意志。在艰苦的革命年代，中国共产党党员仍对党充满了信仰和热爱，在当今和平发展的年代里，我们更应该继续发扬艰苦奋斗的革命精神，创造出更加美好的未来。通过这次参观考察，我们不仅对党的光辉历史以及革命领袖们的事迹有了更加深入的了解，也体会到不断变化的环境更需要人们为革命奉献的精神。实地考察学习比从教科书上学习到的认识更让人震撼，也更加让人警醒。

（考察组成员：王刘伟、庞玉瑛、苏慕丹）

---

[1] 转引自搜狐博客（http://ljxzbj6039. blog. sohu. com/323484248. html）。

血祭轩辕撼天地——烈士陵园诉说衷情

八一南昌起义是中国共产党独立领导武装斗争和创建革命军队的序幕，广州起义是在响应南昌起义的号召下爆发的。广州起义在中国革命历史上具有深远的意义，也具有不可磨灭的历史贡献，谱写了新民主主义革命的光辉历史篇章。1927年12月11日，广州起义爆发，中国共产党党员以及革命群众联合在一起反抗国民党的反动暴力统治，阻止国民党反动派对中国共产党党员和群众的大规模屠杀和迫害。烈士陵园就是为纪念广州起义而修建的，有无数为革命牺牲的英勇烈士长眠在这里。

一、革命精神永难忘

烈士陵园是为纪念广州起义而修建的，这里不仅是中国爱国主义的教育基地，也是广州市现有的一处具有丰厚历史文化底蕴的长廊和景点。广州英雄广场对面就是烈士陵园。陵园的大门上雕刻着"广州起义烈士陵园"几个大字，与正门相连的是一条长160余米、宽30余米的花岗石主干道。宽阔的主干道两旁绿树成荫，一片绿意盎然。进入大门后，正对着大门的是广州起义纪念碑，这是一座高耸入云的纪念碑，据历史记载，1987 年，为纪念广州起义 60 周年，建成了这座纪念碑。该碑高达 45 米，面积达 25000 平方米。

这座纪念碑的造型十分独特：由三块不同的巨石托起一把长枪，巨石上面的枪给人一种坚固挺拔的感觉，一只大手紧紧地握着枪管，也显示着革命群众为实现解放事业的坚定决心。这只枪管上还系着广州起义标志性的识别物——红领巾。雕塑底部基座宽阔平坦，坚如磐石。枪口朝上如尖刺，高耸入云，似乎象征着无数革命先烈举起枪身在向着胜利呐喊，象征着要推翻帝国主义、封建主义、官僚资本主义对中国人民群众残酷的压迫和剥削，这也可以看作是中国共产党领导武装夺取政权的一种无畏精神的象征。这座纪念碑的正面还镌刻着邓小平亲笔题写的碑刻，在三座巨石的四面还雕刻着四幅不同的浮雕，这些浮雕呈现的是广州起义时的战斗情景。

烈士陵园正门的右侧是四烈士墓（如图 3 - 14 所示）、叶剑英同志纪念碑以及由广州起义领导人纪念碑组成的雕像广场。我们怀着敬仰的心情，走过每一处令人怀念的庄重的历史遗迹。每到一处，我们都会放慢脚步，停下来瞻仰烈士遗迹，阅读碑文书写的历史信息。无数的革命英烈形象和他们的英雄事迹仿佛生动地浮现在我们眼前。他们顽强作战，为革命事业视死如归，这种无所畏惧的战斗精神深切地影响着参观的每一个人。

图 3 - 14　四烈士墓

　　参观烈士陵园的路上，我们参观、拍照、思考，历史的尘埃将这些伟大的人物和事迹覆盖，当我们拂去这些尘埃，被史实所震撼和感动。周文雍和陈铁军的事迹是人们广为熟知的，广州起义失败后，他们被国民党反动派逮捕了。他们至死也未向敌人低头屈服，未向敌人透露任何关于党组织和其他人员的线索。最后，在敌人的枪口下，他们高喊："我们要结婚了，就让敌人的枪声作为我们结婚的礼炮吧！"这样浪漫且激昂的话语，充分显示了具有伟大革命信仰的共产主义战士的视死如归精神，中国的革命事业需要这样的战士，伟大的革命需要这样的精神气概。在新民主主义革命的历史上，革命先烈的大无畏精神，使得中国共产党领导下的革命取得了最终胜利。

广州起义纪念碑和湖心亭中间位置矗立着一座高大的广州起义烈士墓，这座大墓是为纪念烈士而建，墓的四周是由蹲坐的石狮子围起来的，墓冢上方长满了青草，青草无言，似在诉说着英雄的事迹，以供后人缅怀感叹。从远处望去，广州起义烈士墓高大无比，需要走上高高的台阶，才能到达烈士墓前。此刻，我们考察小组组员拾级而上，站立在烈士墓前，向着烈士墓默哀，向逝去的先烈们表达我们的崇敬之情。没有豪言壮语，只有站立在墓碑前的无声哀悼。从一座座纪念遗迹走到巨大的烈士墓前，仿佛一切历史都鲜活了起来，大家内心深处都在思考一个问题，如果没有革命先烈的英勇战斗，如果没有他们为中国共产党领导下的革命事业奉献，怎么会有今天安定、和谐的幸福生活。烈士们已经距离我们生活的时代越来越遥远，了解和熟悉他们的事迹，需要通过一座座坟茔与一篇篇碑文，但当我们真正走近他们时，才发现他们的精神被永远流传了下来，不断地带给人们震撼与感动。

二、革命历史永牢记

广东革命历史博物馆坐落在烈士陵园正门的左侧（如图 3 - 15 所示）。1959 年，广东革命历史博物馆成立，这是广东省建馆时间最早的革命历史博物馆。该革命历史博物馆的展物是分专题进行讲解的，现由广州市文化局管辖。烈士陵园内绿树成荫，环境雅静。可以说，这里全面反映了近代广州发展变迁的历史。1996 年，在广东革命历史博物馆的基础上，广州市政府批准成立了广州近代史博物馆，两块馆牌位于同一馆舍之内。广东革命历史博物馆馆内共有文物文献资料藏品1万余件，历史遗存各类照片共计2.5万余张。

图3-15　广东革命历史博物馆

广东革命历史博物馆的馆址是在清末广东谘议局旧址的基础上建造的，是典型的欧式建筑风格。1909年，其建筑面积曾达3826平方米。1911年，武昌起义爆发后，广东省社会各界代表曾在此召开民主会议，宣布广东省脱离清王朝的封建统治。这里也因此先后成为广东省议会以及非常国会日常办公的所在。1921

年，孙中山曾在此宣誓就任非常大总统。1925 年，国民党中央党部也曾迁到此处，这里也因此成为国共两党团结合作、共话革命进程的历史遗存。国民党二大和第三次全国劳动大会等重要会议也曾在此处隆重举行。

党的十一届三中全会召开以后，随着我国经济、科技、文化、教育等各项事业的快速发展，广东省革命历史博物馆的建设也取得了较快的发展，日益受到政府和社会各界的重视，广东省谘议局的旧馆址被划归为全国重点文物保护单位之一。

广东省革命历史博物馆里展览着无数的革命历史照片、烈士们穿过的衣物、广州起义用过的枪支等，馆内甚至还模拟了战争的场景、大会会议现场，每件展览品旁边都设置了不同的背景和旁白，观看展览的过程，就是对以前发生的历史进行了一次回顾。只有回顾历史才能铭记历史，铭记历史上革命先烈们的光辉事迹。

三、革命友谊代代传

面对国民党反动派的大规模迫害和屠杀，广东省的中国共产党地方组织，在张太雷以及叶剑英等人的领导下，发动了历史上著名的广州起义。多名朝鲜人和苏联驻广州领事馆人员也参加了这次起义。这次起义失败后，5700 余名中国共产党党员以及群众遭到了国民党的大肆屠杀。这次起义是中国共产党继南昌起义和秋收起义失败之后，发动的又一次重要起义。广州起义第一次以中国共产党的旗帜号召群众参与革命。这次起义中还首次使用了"工农红军"的旗帜，并且在土地革命时期得以传承了下来。这次起义还仿照苏联政权的组织形式，建立了中国工农兵苏维埃领导下的政权组织。

大革命时期，中国共产党的组织活动深受苏联的影响，这种影响从历史上来看具有双重作用：既有正面的指导意义，也对中国革命事业产生了消极影响。毛泽东对此曾有过这样的论述："第三国际前后两段还好，中间有一大段不好：列宁在世的时候好，后来季米特洛夫负责的时候也较好。"① 周恩来也曾对此分析："两头好，也有一些问题；中间差，也不是一无是处。""共产国际的缺点和错误，特别是中期的缺点和错误，概括地说是：一般号召不与各国实践相结合，具体布置代替了原则的指导，变成了干涉各国党的内部事务，使各国党不能独立自主，发挥自己的积极性、创造性。"② 从中共领导人的讲话可以看出，1927 年，中共领导的广州起义曾受苏联教条主义的影响。

为纪念广州起义烈士周文雍和陈铁军，由董必武亲自题名书写"血祭轩辕"的八角湖心亭（如图 3－16 所示）矗立于湖中央，即使是不了解这一段历史的人，一听到这个名字也能获知它承载的厚重革命历史。湖心亭的东面建设有两座规模相当的纪念亭：一座是"中朝人民血谊亭"，为了纪念在这次起义中献出生命的 150 名朝鲜革命人士；另一座是"中苏人民血谊亭"，为纪

---

① 中共中央文献研究室：《毛泽东文集（第 7 卷）》，人民出版社 1999 年版，第 120 页。

② 中共中央文献研究室：《周恩来选集（下卷）》，人民出版社 1984 年版，第 301 页。

念在这次起义中被杀害的苏联驻华领事馆人员等。这两座血谊亭是为了纪念中、苏、朝三国革命人士共同奋战的史实。整个烈士陵园呈现出鸟语花香、小桥流水的别样景致，在日常生活中吸引了无数的游客观光游览（如图 3 – 17 所示）。每到清明节，社会各界人士会到这里进行扫墓，同时接受革命历史传统的教育。

图 3 – 16 "血祭轩辕"亭

图3-17　人工湖

当我们参观这些历史建筑时，可以真实地感受到革命先烈们英勇无畏的精神。他们面对屠刀，没有选择躲避。虽然他们为革命事业牺牲了，但他们的事迹永远被铭记，并被后人不断传颂。他们不仅是为广州革命事业而牺牲，也是为中国共产党革命事业而英勇奉献！今天，我们应该认真学习先烈们这种革命精神，传颂国际友谊，推进国际关系的发展。

四、结语

早晨的烈士陵园充满了勃勃生机，老年人喜欢在这里做晨练。经济的发展使民众生活水平提高，人们的生活也变得丰富多彩。继续向前走，我们被湖边高亢的歌声吸引过去了。

今天，中国人民能够享受美好生活，不应忘记中国革命先烈们在革命年代将自己的生命贡献给了革命事业。生活在当下的人们应该珍惜现在的生活，学习革命先烈们爱国奉献的精神。这也警醒我们，应该怀有高度的爱国情怀和无畏的奉献精神。

人终有一死，但死的价值有显著的差别。牺牲的烈士们激起了我们内心的沉思，他们用壮烈、英勇的牺牲换来了中国革命的最终胜利。参观后，我们最深切的感受是要永远铭记这些带给我们幸福生活的一群人。

爱国主义教育在不同的时代、不同的年龄阶段都是十分必要的。对于不同年龄阶段的人来说，大家接触历史后的感受也是各不相同的。只有真实地了解、学习、感受革命年代的历史事迹，才能感悟到革命烈士的英勇精神，并以此引导我们的日常行为。首先，爱国主义教育应当予以重视，只有破解青少年不知我们民族历史的难题，才能避免革命英烈的事迹被社会遗忘，避免青少年被反动势力误导、破坏国家的稳定和谐局面；其次，我们每个人应当坚定爱国主义的信念，学习先烈们爱国主义的精神，坚持和拥护党的领导，同破坏国家和平安定局面的行为作斗争；最后，要弘扬爱国主义的伟大精神，爱国主义的伟大精神是支撑中华民族发展的精神力量。正是无数革命先烈的牺牲和奉献鼓舞了一代又一代中国人。

此次我们参观烈士陵园，对于以后学习、继承和弘扬爱国主义优良传统，以及培养坚定的爱国主义信念，有了更深的理解和认知，对于日后的学习和工作也起到了巨大的鼓舞作用。爱国主义教育是动员和激励我们的一面旗帜。尤其是广大入党积极分子和党员，不仅要深刻学习革命烈士的这种爱国和奉献精神，而且要时刻以革命先烈为榜样，在未来的生活、学习以及工作中规范自己的行为，以自身的行动为中华民族伟大复兴的中国梦贡献智慧和力量。

在现在的互联网时代更要大力宣扬先烈们的英雄事迹和奉献精神。因为这种精神体现出一个政党、一个民族乃至一个国家的崇高奋斗目标和理想，以及不可阻挡的坚强意志。这种精神在任何时代都是推动历史前进的强大力量。革命烈士虽然为革命事业牺牲了，但他们的英雄事迹和奉献精神永远留在人们心中。只有将这种精神融入社会主义现代化的建设中，才能真正激励全国人民奋发图强，为中华民族的伟大复兴而努力；才能真正发挥好榜样的引领作用，激励年青一代努力学习，并立志用自身所学以及所掌握的技能报效祖国和人民，进而实现人生价值。2018 年 7 月 5 日，为学习贯彻党的十九大精神，中央有关部门举办了专题学习研讨班，习近平总书记在这次开班式上发表讲话："时代是出卷人，我们是答卷人，人民是阅卷人。要实现党和国家兴旺发达、长治久安，全党同志必须保持革命精神、革命斗志，勇于把我们党领导人民进行了 97 年的伟大社会革命继续推进下去，决不能因为胜利而骄傲，决不能因为成就而懈怠，决不能因为困难而退缩，努力使中国特色社会主义展现更加强大、更有说服力的真理力量。"① 在日常生活中为传承伟大的革命奉献精神，每名

---

① 王珮：《时代是出卷人　我们是答卷人　人民是阅卷人：代表委员和各界人士谈坚持"三个一以贯之"》，见光明网（http://epaper.gmw.cn/gmrb/html/2018 - 03/15/ nw. D110000gmrb_20180315_3 - 01. htm）。

党员同志都要练就真本领，做好社会主义的接班人。

回顾中国共产党的奋斗历史，伟大的革命精神和民族精神是社会主义事业不断发展、壮大的法宝，也是中国共产党人发展中最为醒目动人的精神标记。可以说，如果没有爱国主义的伟大精神和英勇奉献的革命精神，就没有中国革命事业的胜利和辉煌。现在中国特色社会主义进入新时代，广大党员干部要保持社会主义建设的"初心"，改革攻坚的"恒心"，奋战到底、英勇奉献的"决心"，只有这样，才能担负起肩上的历史使命，传承中国共产党革命历史中的红色基因，继承好中国共产党的伟大革命精神。

历史就像一面镜子，能照出民族兴衰更替的原因。历史，也凝聚着中国先贤的智慧和经验，是无数人奉献的组合。要真正地了解和认识中国，就必须了解和认识当下社会主义的发展，了解党的历史上发生的重大历史事件。

（考察组成员：王刘伟、苏慕丹、庞玉瑛）

第四篇　一代民族魂的历史记忆　留驻于广州

先生朗声于榕园——鲁迅在广州的足迹

鲁迅是近代中国伟大的文学家、思想家，在中国文坛占据着举足轻重的地位，他关注社会发展、文笔深刻，他的作品极具思想价值。1927 年 1 月至 9 月，鲁迅在广州短暂生活，这期间发生了诸多大事，对鲁迅个人及其思想产生了重要影响。我们想借由分析这 8 个多月内鲁迅思想的变化，说明时势落在个人身上所带来的后效及影响。

一、鲁迅其人与纪念馆

鲁迅，浙江绍兴人，原名周樟寿，后改名为周树人，字豫山，后改字为豫才，而"鲁迅"作为他的笔名伴随着他的作品被广泛传播且广为人知，其代表作有《呐喊》《彷徨》《朝花夕拾》等。鲁迅曾被毛泽东誉为："中国文化革命的主将，他不但是伟大的文学家，而且是伟大的思想家和伟大的革命家。"①

---

① 邓楠：《论毛泽东文艺批评影响力的鲜明特点》，载《湖南广播电视大学学报》2018 年第 4 期，第 16 – 23 页。

广州市鲁迅纪念馆（如图4-1、图4-2所示）现位于广州市越秀区文明路215号，这里有大量鲁迅在广州生活期间的史料，能让我们了解鲁迅在广州生活的概貌。

图4-1　鲁迅纪念馆

图4-2　鲁迅纪念馆正门

二、鲁迅赴穗

1927年1月，鲁迅应中山大学邀请来到广州，担任中山大学文学系主任兼教务主任。鲁迅在中山大学身负重任，教务繁忙。他不仅开设了与文学专业相关的三门课程，还积极参加社会活动，鼓励青年从事文学创作。鲁迅在南下广州之前已名声大噪，再加上他进步的教育思想和自由活泼的课堂氛围，他在中山大学任职期间受到了学生们的热烈欢迎，其开设的课程往往座无虚席。

1927 年 4 月 8 日，鲁迅赴黄埔军校发表演讲《革命时代的文学》，生动且精辟地论述了"革命时代与文学的关系"和"革命武装斗争的重要性"，博得了台下黄埔师生经久不息的掌声。然而在鲁迅发表演讲短短一周后，也就是 15 日，广州国民党反动当局发动了广州"四一五"反革命政变，白色恐怖弥漫全城，无数革命党人、先进青年学生被捕入狱。"鲁迅当天冒雨参加了中山大学校方的紧急会议设法营救被捕学生"①，呼吁校方联络各界向政府当局施加压力无果。同年 4 月 21 日，鲁迅拒绝校方的挽留，愤而辞去了在中山大学的一切职务。自此以后，鲁迅在白云楼潜心写作、整理旧译旧作，在写作之余过着平常人的生活，闲来无事也像普通广州人一样喝喝早茶、看看电影。直至同年 9 月 27 日，鲁迅离开广州前往上海，结束了他在广州的生活。总的来说，鲁迅在广州期间发生了两件大事：第一件是蒋介石和李济深发动的"四一五"反革命政变，使鲁迅的政治态度发生转变，彻底与国民党政权决裂；第二件是个人私事，他与许广平恋爱并决定走到一起。

---

① 陈无畏：《也谈鲁迅辞去中山大学一切职务的缘由》，载《远程教育杂志》1996 年第 1 期，第 10 - 12 页。

在广州的这段时间里，鲁迅思想变化的第一个方面体现在他政治态度的转变。如果说来广州之前的鲁迅尚可谓是一个单纯批判旧思想的思想家，那么在"四一五"反革命政变后，鲁迅迅速成长为一个革命"吹号手"。

作为新文化运动的重要领军人物，赴穗以前，鲁迅一直都是把批判的刀锋对准旧制度、旧思想、旧道德。正如北京大学前校长蒋梦麟对他的评价："我所知道他的早年作品，如《狂人日记》《阿Q正传》都只为了好玩，舞文弄墨，对旧礼教和社会现状挖苦讽刺一番，以逞一己之快。"但是在广州经历"四一五"反革命政变以后，鲁迅开始思考中国的革命前途，思考是否仅仅在批判旧思想、旧道德的笔下就能够摆脱弱国命运。而这改变了他对待革命的态度，他认为"广州的学生和青年都把革命游戏化了"，他还写过"我抱着梦幻而来，一遇实际，便被从梦境放逐了，不过剩下些索漠"。[①] 经历了"四一五"反革命政变后，鲁迅毫不犹豫地放弃了以往他以达尔文进化论来认识社会现象的"偏颇"，接受了马克思主义的阶级斗争理论。从这时起，鲁迅才当之无愧地成为一个"革命家"，实现了从思想革命到政治革命的转变。

与此同时，鲁迅改变的不仅是他对政治的哲学思考，还有他的政治立场。来广州以前，鲁迅对国民党有着复杂的认识，他一边对国民党中的右派人士口诛笔伐，另一边却对其左派人士颇有好感。而在鲁迅来了广州特别是经历了"四一五"反革命政变

---

① 黄乔生：《鲁迅图传》，中央编译出版社2012年版，第122页。

以后，鲁迅对国民党反动当局日益失望，以至于最后走上了左翼作家道路。可见，政治态度的变化是鲁迅在广州期间思想变化的一个突出表现。

鲁迅思想变化的第二个方面是他个人对待名声的态度有所转变。来广州之前，鲁迅作为一个学者和文坛先声，其于新文化运动时期发表的大小作品早已让他名扬四海。鲁迅到中山大学任职之初，当地各家报刊争相报道，政客、文人、学者纷纷上门拜访，可见其名声之大。即使在"四一五"反革命政变之后，鲁迅个人也被反动当局所"惦记"着，他从中山大学辞职后，当时的中山大学校方多次以"革新"为由邀请鲁迅回校主持校务，都被鲁迅谢绝。

鲁迅在白云楼闲居期间，仍有进步青年不时上门请教。按照现代的标准来说，鲁迅在当时可谓是一个人人皆知的名人了。但鲁迅在即将离开广州前往上海之时，与友人章廷谦通信，写下："我不想做'名人'了，玩玩。一变'名人'，'自己'就没有了"。① 来到广州后，鲁迅在这个革命的策源地真切地感受到了政治手段的污浊和人性的两面三刀。尤其在"四一五"反革命政变之后，鲁迅在中山大学紧急会议上极力主张营救被捕学生，也给他添上了与共产党牵连的嫌疑。此后，鲁迅闲居白云楼，一时间门可罗雀，与初来广州时的门庭若市形成了鲜明的对比。"我对于我自己，所知道的是这样的。我想，'孤桐先生'尚在，

---

① 陈四益：《误读鲁迅：以吸烟为例》，载《文人谈片》，世界知识出版社 2014 年版，第 267 页。

'现代派'该也未必忘了曾有人称我为'学匪''学棍''刀笔吏'的，而今忽假'鲁迅先生'以'大义'者，但为广告起见而已。呜呼，鲁迅鲁迅，多少广告，假汝之名以行！"①此段文字中，鲁迅更是借一起"侵权"事件，表达了他对沽名钓誉之徒的痛恨。1927年9月27日，鲁迅在天字码头乘坐"山东号"轮船北上赴沪，终于离开了这个是非之地。

鲁迅思想变化的第三个方面体现在他的文学思想的转变。鲁迅在广州期间，意识到了在大革命的背景下，文学只能作为为政治服务的工具，为革命摇旗呐喊和宣传助威，所以，他在黄埔军校演讲时说"文学是最不中用的，没有力量的人讲的"。不同于北京，广州四处洋溢着的革命氛围大大拓展了鲁迅的文学创作的空间，而这往往体现在鲁迅作品的思考深度上。鲁迅作品中因深刻而吸引人的地方，并不仅仅是他对旧制度、旧思想不留情面的批判，更有他对失败和失败者身份深入骨髓的体验。

正是在广州，鲁迅亲身体会到了革命的反复性和残酷性。原本形势大好的革命局面，只因一纸清党命令而急转直下。紧急会议上的孤立无援以致最后的呼吁无果，更让他认识到了革命队伍力量的弱小和无助。如今，我们可在鲁迅于1927年出版的《而已集》中窥见鲁迅此间的心绪："不过，中国经了许多战士的精神和血肉的培养，却的确长出了一点先前所没有的幸福的花果来，也还有逐渐生长的希望。倘若不像有，那是因为继续培养的人们少，而赏玩，攀折这花，摘食这果实的人们倒是太多的缘

---

① 鲁迅：《辞"大义"》，载《而已集》，北京联合出版公司2014年版，第51页。

故。"①此段文字中鲁迅借"黄花节"表达了他对"四一五"反革命政变中受到迫害的进步青年的钦佩和同情。鲁迅在广州经历过的一件件政治事件，都深刻改变了他的文学思想，不断促使鲁迅向左翼队伍靠近。而这一过程的完成，就要论到后来在上海成立的"左联"。

鲁迅思想变化的最后一个方面，体现在他精英意识的转变。从弃医从文开始，鲁迅就持有一种精英意识，且在受严复翻译的与西方"进化论"相关著作的影响下，鲁迅一度"以文学开启民性"为己任。鲁迅笔下强调的是"牺牲式"的革命精英精神，而这种精神在那句妇孺皆知的"横眉冷对千夫指，俯首甘为孺子牛"中体现得淋漓尽致。然而"四一五"反革命政变像一把大锤把鲁迅砸醒，他开始质疑自己所从事的事业的价值，而这种质疑被他写进了《而已集》："这半年我又看见了许多血和许多泪，然而我只有杂感而已。泪揩了，血消了；屠伯们逍遥复逍遥，用钢刀的，用软刀的。然而我只有'杂感'而已。连'杂感'也被'放进了应该去的地方'时，我于是只有'而已'而已！"②

学生为革命作出的巨大牺牲让鲁迅怀疑流血的价值，他曾经给予希望的革命青年到头来却成了政客手中的牺牲品。鲁迅又开始反省自己所做的所谓"启蒙"价值的虚妄，"在我自己，觉得中国现在是一个进向大时代的时代。但这所谓大，并不一定指可

---

① 鲁迅：《鲁迅论人生》，人民文学出版社2013年版，第212页。
② 苏叔阳：《新课标名著名家导读系列：鲁迅杂文精选》，青岛出版社2012年版，第179页。

以由此得生，而也可以由此得死。许多为爱的献身者，已经由此得死。在其先，玩着意中而且意外的血的游戏，以愉快和满意，以及单是好看和热闹，赠给身在局内而旁观的人们；但同时也给若干人以重压。这重压除去的时候，不是死，就是生。这才是大时代。"①

在广州期间，鲁迅的精英意识极大地动摇了，除此之外，他的意识层面更添加了一些以往没有的"市井"气息。与以往关心时政大事相比，这一时期，他多了些寻常生活……鲁迅在广州除了从事教学与写作，也有平凡人的寻常时光：与朋友畅谈人生，赔本经营了北新书屋；穿街走巷其乐无穷，更别谈品尝美食的寻常生活。这些具有"市井"气息的平常人的生活给鲁迅带来了不少趣味。从某种层面来说，在广州生活了一段时间之后的鲁迅，是一位更接地气、更务实的思想家。

总而言之，鲁迅在广州的生活虽然只有短短八个多月，但其间经历却是他一生中无比重要的一部分，尤其是"四一五"反革命政变。站在后人的视角看鲁迅日后的发展轨迹可知，这些经历对鲁迅此后的思想发展产生了狂风暴浪般的影响。纵观鲁迅的一生，他在广州的经历可以说是他思想的转折点了。

三、鲁迅在广州期间思想变化的历史原因

在广州经历的各种事件让鲁迅的思想有了很大的变化，但这

---

① 鲁迅：《〈尘影〉题辞》，载《文学周报》1928 年第 297 期。

些变化并非由单一因素所影响的，而是在当时当地的各种条件下造成的。为了探究鲁迅思想变化的原因和这一变化与时代背景的联系，我们把目光放回到 1927 年的广州。

第一个重要因素是，作为中国最早对外开放的通商口岸之一，经过近百年的发展，广州早已成为一个中西方文化多元交汇的中心城市，一直与国外有着密切的交流。广州既具备繁华的商业气息和开放的国际视野这样的城市特色，还兼具多元性和复杂性的文化氛围。这座城市远离几百年来的政治中心——古都北京，对鲁迅而言俨然是一种崭新的文化环境。广州开放自由的文化环境，自然为鲁迅带来了接触大量西方前沿思想的机会，因此，这成为鲁迅思想转变的一个重要因素。

第二个重要因素是广州作为革命根据地带来的影响。自 1917 年起，在孙中山的领导下广州曾先后三次建立起革命政权。作为长期的革命根据地，1927 年的广州笼罩在浓重的革命氛围之中，党派政治宣传愈演愈烈，革命风气愈加浮夸，整个广州宛如沉浸在革命的海洋里，不能自拔。身处革命策源地让鲁迅更好地认识并认清了革命的本质，特别是经过“四一五”反革命政变之后，鲁迅看清了国民党当局的狰狞面目，从而开始更加独立、辩证地思考复杂现实。“四一五”反革命政变让鲁迅认识到革命的反复性，看到了他所曾给予深切厚望的青年们的分化，也让鲁迅明白了借助党派集体斗争的必要性。鲁迅自从感受了“革命”的欺骗，也体会到了政治翻手为云、覆手为雨的狡猾多变及其背后权利交易的肮脏。如此亲身体验到革命的复杂和革命的变质，鲁迅极大地改变了此前他对革命的简单看法。

　　第三个重要因素是鲁迅在广州的生活。可以说，在广州的生活给鲁迅带来了双重影响：一方面，鲁迅在广州的生活是忙碌的、充满压力的。鲁迅在广州的教务繁忙，工作压力极大，再加上他笔耕不辍的习惯，这无疑对他的时间管理提出了极高的要求。在这样忙碌的生活中鲁迅逐渐产生了一种压迫性的精神焦虑，这种焦虑不仅成为他最后逃离广州的一个重要原因，更成为他日后文学创作及文学思想的一个特点。而在另一方面，鲁迅在广州的生活是娴雅的、丰富多彩的。辞去在中山大学的职务之后，鲁迅潜心写作，在白云楼吃许广平从高第街娘家带来的食品，曾跑到越秀山爬山伤了脚，爱喝惠东楼和陆园茶室的茶，和友人到海珠公园和沙面游玩，还常到岭南大学怀士堂、中山大学医学院等处做演讲。鲁迅在广州还开办了北新书屋，给当时的广州青年提供了更多接触革命文艺读物的机会。在广州这种既矛盾又有活力的生活让鲁迅明白了自己的擅长和兴趣在于自由创作，而这一认识为鲁迅日后在上海的生活奠定了良好的基础。

　　最后我们要谈到第四个重要因素，即"四一五"反革命政变。这场政治事件在前文已叙述过，在此不再赘述。这场政治事件虽然是使鲁迅的思想和人生轨迹发生变化的转折点，但我们也必须承认，变化绝不仅仅是这场事变就能造成的，而是一系列时代环境的因素相互交织，最终在"四一五"反革命政变中一起给鲁迅的思想带来了冲击。"四一五"反革命政变的突发性和残酷性震撼了鲁迅的内心，他选择毫不退让地进行抗争，但抗争无果而至最后只能抱憾辞职。这对鲁迅而言无疑是痛苦且难忘的，这也促成了他的思想最终发生巨大的转变。

四、鲁迅在广州期间思想变化对近代中国历史的意义

那么，在讨论了鲁迅思想的变化，也探讨了他的思想变化与时代环境下各种因素的联系后，我们接下来探讨鲁迅这种思想变化对于近代中国的意义。正因为鲁迅的思想变化是由特定的时代背景造就的，这种变化也在一定程度上影响了近代中国历史的发展进程，在这两者之间形成了一种共生共存的关系。所以，可以说，没有近代中国的复杂环境就没有鲁迅思想的出现；同样，没有鲁迅，近代中国思想文化领域的就少了一次波澜。

首先，从最重要的思想领域开始说起，鲁迅在广州期间的思想变化给近代中国革命带来了一定的反思。在经历了将近一个世纪的屈辱之后，当中国国民得到反抗的机会时，他们往往表现得迫不及待，并且极其渴求富强，尤其是在经历了新文化运动和五四运动后，民众的思想得到了解放，革命态度也日益激进、浮躁。各阶级、各党派为争夺团体利益，甚至是个人利益而纠纷不已、龃龉不断，导致革命反反复复，革命果实屡次被有心之人夺取，这大大拖延了革命成功的进程。鲁迅深刻体会到了这一点，他在广州时就写道："地火在地下运行，奔突；熔岩一旦喷出，将烧尽一切野草，以及乔木，于是并且无可朽腐。但我坦然，欣然，我将大笑，我将歌唱。"这反映了鲁迅对时局的失望和对新兴无产阶级寄予的希望。鲁迅的思想发生变化且迈向左派的趋势在中国文化思想界掀起了一阵巨浪，引发较早反思革命前途的一股潮流。

其次，我们看到这种变化在文学领域产生的影响。鲁迅离开广州以后，毅然肩负起领导左翼作家联盟的重任，成为推动左翼文化运动的重要力量。他促进了左翼文坛的发展和壮大，在打破国民党的文化封锁、促进革命思想的发展等方面起到了重要作用，而且左联作家对于中国共产党的成长与发展起到了重要的宣传作用。由此可见，鲁迅在广州的思想变化可以说是影响了中国30年代的文坛大发展。

鲁迅思想的变化还影响到政治领域。一方面，鲁迅在广州经历了"四一五"反革命政变后开始转向极力批判国民党右派的反动统治，让更多的国民清醒地认识到国民党右派的复杂性和其反革命的本质，而这无疑给国民党的统治带来了无形的危机。另一方面，鲁迅支持共产党领导下的新的革命事业，在包括鲁迅在内的无产阶级文艺工作者的努力下，共产党的政治地位得到快速提升。

鲁迅对于近代中国发展的作用是不可替代的。从新文化运动开始，鲁迅的思想一直起到了启蒙国民、唤醒民众、摧毁封建枷锁的作用；在广州期间经历思想变化以后，他更加有重点、有针对性地为中国革命指明了道路，而不再拘束于过去对封建思想礼教的批判和对国民牺牲式革命的一味强调。鲁迅留给后人的财富有很多，他之于中国正如泰戈尔之于印度、托尔斯泰之于俄国，他的精神熔铸成了中国人民的风骨。

（考察组成员：黎耀佳、梁嘉明、付子初、何文晋）

广东人的民族情——十九路军的家国担当

广东，被视为近代中国民主革命的策源地，富有光荣的革命传统。而在救亡图存、探索民族独立的道路上，亦留下了许多广东人的身影。他们的血液里流淌着浓浓的民族情。在这片南国的土地上，曾有康有为、梁启超等维新派人士主张变法图强，他们引领了一场轰轰烈烈的"戊戌变法"运动；曾有孙中山等革命党人领导的影响深远的黄花岗起义，一个个烈士用血肉之躯抒写出革命新篇章。这里，曾涌现出一批政治、军事、外交、法律等各个方面的人才，其中有我们熟知的军事将才张发奎、薛岳、罗卓英、蔡廷锴、蒋光鼐等。细数广东历史，一段段峥嵘岁月，无数个英雄豪杰，都沉淀在历史的长河中，厚重且永恒。

翻开广东历史的篇章，我们的思绪在十九路军这里停了下来。好奇心让我们在这一篇章留下一个标记：十九路军究竟在历史上创造了什么奇迹？纸上得来终觉浅，绝知此事要躬行。我们决定到广州十九路军陵园去找寻答案。

一、青山有幸埋忠骨

下了公交，我们一直往前走。以为离十九路军的陵园还有一段距离，组员中便有人提议：不如我们临时做个测试，看看我们能说出多少个形容战士英勇忠诚的成语。一开始，我们脱口而出的有：奋不顾身、骁勇善战、视死如归、桀骜不驯、勇往直前、所向披靡、身先士卒、浴血奋战、舍生忘死、取义成仁、临危不惧、奋勇当先、赴汤蹈火、镇定自若、慷慨就义、勇往直前、气冲霄汉、宁死不屈……当我们到了要思考一会儿才能想出一个成语时，其中一个小伙伴指着不远处对我们说，"有了，还有碧血丹心"。直到看到这个词，我们才停止了方才的测试。映入我们眼帘的是一扇"高大雄伟"的门，它像一个魁梧的巨人立在那儿，一动不动，来来往往的人群只能仰望着它，"碧血丹心"是它最贴切的"名字"。组员们来到这扇巨门前，一个个都肃然起敬。后来，我们才知道，这是凯旋门（如图4-3所示）。凯旋门，是胜利的象征。迈入陵园之前，我们都在思考，抗战史上的十九路军，是如何迎来了胜利？穿过这扇门，我们又会看到什么呢？

图4-3　凯旋门

刚踏入陵园大门，暂不知陵园面积有多大，也不知该往哪个方向走。我们环顾四周，从眼前不远处的一片苍翠松柏的排列缝隙中看到了一个类似于纪念碑的东西，即便隔着松柏，我们也能见它耸入云天。直觉告诉我们，那儿应该就是先烈纪念碑。于是，我们沿着青石小路，穿过松柏林，看到了纪念碑的全貌。纪念碑上有一位战士雕像，他看上去身躯矫健，目光炯炯，肩扛一枪，眺望远方。这精神抖擞、栩栩如生的雕像，应是众多十九路军英勇战士的鲜活形象代表（如图4-4所示）。彼时天空湛蓝、松伯苍劲，使这里的一切看起来都十分纯粹，似乎在告诉我们，十九路军英勇作战、敢于牺牲、爱国爱民的精神，也是纯粹的。想起考察的当天是个特别的日子——感恩节，我们整齐地站在纪念碑前，深鞠三躬。

图4-4　十九路军淞沪抗日先烈纪念碑

纪念碑的左右两侧，分别是由胡汉民撰写的《国民革命军十九路军公墓纪念碑》和林森撰写的《第十九路军阵亡将士纪念碑》。从碑文中，我们了解到当时十九路军与日本侵略者作战的实力对比以及伤亡人数。胡汉民如是评价，"东北沦亡，淞沪告警。朝野束手，静待宰割。惟十九路军捍国卫民，屹然为天下"。林森亦赞颂，"十九路军肇创以来，致力顺应，转战南北，累有功于国家，而尤以去岁抗日之役声威为最烈"。从他们的评价中可知，十九路军在抗日战争中累有战功。

此时，我们的思绪一下子被拉回到了高中时代，想起那时学习抗日战争章节，总会把抗日战争分成两个战场，即正面战场和敌后战场。组员们忍不住讨论起来，究竟应该如何看待正面战场和敌后战场所发挥的作用？实际上，这个问题值得我们认真思考。经过多年的历史学习，以及现在的实地考察，我们都有一种体悟：历史虽然是发生在过去的事情，但它也在告诉我们，认识历史，便是你如何客观地认识世界的过程。因此，无论是正面战场，还是敌后战场，他们都是中国抗日战争史上的重要力量，都为民族独立与复兴作出了各自应有的贡献。

顺着阶梯往下走，前方便是英烈题名碑。题名碑太高，我们一时无法看到其上具体的名字。为表达敬意，唯有鞠躬。那些逝去战士的名字已经被载入史册，这也意味着他们将永垂千古，为世世代代所铭记。英雄不问出处，正如文天祥所言"人生自古谁无死，留取丹心照汗青"，这正是先烈们内心的真实写照。我们似乎听到了题名碑上英烈的殷切叮嘱：心系家国，无私奉献。

随后，我们找到了将军墓。四周特别寂然，那透过葱翠枝叶投射在墓前的缕缕阳光，让此处更有历史温情。在将军墓区，只有蔡廷锴、蒋光鼐、戴戟①三人之墓。在我们以往的了解中，对蒋光鼐、蔡廷锴与第十九路军的关系是较为清楚的。然而，眼前的戴戟墓，为何也会出现在这里呢？我们从其墓前的简介获知，1925 年后，戴戟历任国民革命军第四军第十师第三十团团长、第十九路军第六十一师师长、淞沪警备司令等职；在 1932 年的"一·二八"淞沪抗战中，他与蒋光鼐、蔡廷锴一起率部奋起抵抗日军的侵略（如图 4-5 所示）。他们三人，亦被称为十九路军的"三巨头"。

图 4-5　十九路军的"三巨头"戴戟（左）、蒋光鼐（中）、蔡廷锴（右）

---

①　戴戟（1895—1973），原名光祖，字孝悃，原籍安徽旌德，1895 年 7 月 24 日出生于江苏苏州，保定陆军军官学校步兵科毕业。1925 年后，历任国民革命军第四军十师第三十团团长、第十九路军第六十一师师长、淞沪警备司令等职。在 1932 年"一·二八"淞沪抗战中，戴戟与蒋光鼐、蔡廷锴一起率部奋起抵抗日军的侵略。1933 年 11 月，参与发动"福建事变"。全面抗战期间，任第三战区司令长官中将总参议、皖南行署主任。新中国成立后，先后担任安徽省体委主任、安徽省副省长、安徽省民革主委、安徽省政协副主席等职务。1973 年 2 月 21 日病逝于安徽合肥。

　　无论是在将军墓前还是在诸将士墓前，我们都怀着沉重恭敬的心情，什么话都不说，向他们致以真诚的敬意。青山有幸埋忠骨，革命精神永不朽（如图4-6所示）。

图4-6　"忠魂"石刻

二、十九路军的辉煌与陨落

　　十九路军的辉煌，于淞沪会战中昭然可见。其抗敌事迹，一时被中外所闻。美国来华记者斯诺看到顽强杀敌的十九路军，曾赞颂"中国人永远不能忘记粉碎'皇军战争机器不可战胜'的神话时所感到的惊奇和兴奋。士兵们决心以暴力对抗暴力，每一个人乐于迎接冒险"。① 在抗日的滚滚潮流中，备受日本侵略者欺压和凌辱的中国同胞从这支果敢的部队中看到了莫大的希望。人们纷纷给予十九路军帮助，捐款献爱心，视十九路军为民族英雄部队。

后人对淞沪会战已有诸多评价。然而，历史不仅仅只有简单的事实，还应该体现人的心理活动，如此才能"活"起来。我们在翻看《蔡廷锴自传》的过程中，看到这样一则史料：据1月22日报载，"日领事向市政府提出苛刻条件，要求十九路军撤退三十公里，且由于上海形势日益紧张，军政部长何应钦来上海，在张静江公馆召见蔡廷锴，对蔡当面直说：'现在国力未充，百般均无准备，日敌虽有压迫，政府均拟以外交途径解决。上海敌方无理要求，要十九路军撤退三十公里，政府本应拒绝，但为保存国力起见，不得不忍辱负重，拟令十九路军于短期内撤防南翔以西地区，重新布防，望兄遵照中央意旨，想兄也同意。'"② 显然，他们的言谈已经透露出当时日军强势进攻以致上海深陷危机的情况。而何应钦当时是代表南京国民政府向蔡廷锴说明政府对日之态度，即中日双方军事力量悬殊，国民政府不得不下令让我方军队撤退。试想，大敌当前，蔡廷锴原本要率军冲锋前进，而如今为何要忍辱撤退？我们无法回到当时的历史现场，也无法得知蔡廷锴当时接到南京政府撤兵令的想法。但从事情的结果来看，蔡廷锴后来即刻令部队于27日下午撤退完毕。

---

① 陈光明：《抗日劲旅第十九路军的兴与亡》，载《炎黄春秋》1996年第6期，第12-19页。

② 蔡廷锴：《蔡廷锴自传》，黑龙江人民出版社1982年版，第275页。

或许，种种想法，诸多无奈均湮没在历史的烟尘中。

当我们了解了十九路军在上海抗战的具体过程，可知日军当时是强势进攻。十九路军受令撤退，无疑会助长日军的侵略野心。值得思考的是，难道日本不断增兵，就意味着十九路军一定会损失惨重？我们改变不了十九路败退的既定事实，可若追溯其背后的原因，又会有新的发现。曾有人提供了一种解释，认为上海抗战中，"日本继续增兵，蒋光鼐、陈铭枢、蔡廷锴一致认为，应在日军援军到达前与之决战。但此时无论是军事委员会委员长蒋介石，还是行政院院长汪精卫，都没有与日军大规模开战的决心"。"此战很快结束，缘于中日最高当局，都没有大开战事的意图和准备。"① 可见，影响战争成败的因素，不仅取决于双方的军事力量，也取决于当局对形势的把握和选择。

战况瞬息万变，且日军猛然增军，最终十九路军败退，国民政府也被迫与日军签订了《淞沪停战协定》。丧权辱国的协定虽已签订，但这丝毫不能抹灭十九路军给日军以重大打击的事实。十九路军无疑是抗日战争中一支善战的劲旅。

我们曾以为，矗立在这儿的纪念碑以及我们从史料里面爬梳出来的十九路军的赫赫战绩，都已经向世人证明了其创造的所有辉煌。然而，在后人的研究中不仅看到了这支军队的辉煌，也看到了它的哀伤。在人们的印象中，十九路军是长期拥护蒋介石的，而正是这一支拥蒋最有力的广东部队，最后却走上了反蒋的

---

① 吴敏文：《抗战名师：十九路军》，载《文史天地》2018 年第 5 期，第 81－85 页。

道路。因蒋光鼐、蔡廷锴率领全军发动"福建事变"，蒋介石立即对其实施围剿。至此，一度辉煌的十九路军在历经坎坷后，被蒋介石彻底瓦解。关于十九路军为何从拥蒋到反蒋，其中的原因颇为复杂。[①] 历史不是非黑即白的，它是复杂的，故而研究者不能只是看到其中的一面。置身此处，我们不禁感慨，十九路军在复杂的历史大环境中，仍然逃离不了多舛的命运。

十九路军只有短短的三年生命就陨落了，而其对抗日战争所做出的贡献却是不容置疑的。其间，我们看到了蒋光鼐、蔡廷锴等人对祖国的一片赤诚。十九路军已然成为永远的丰碑，且在历史的长河中屹立不倒。如今，当我们踏上这块陵园，除了看到一座座"忠骨"墓，其实更应该还原他们当年英勇作战的场景，并给予这一段历史一个客观、公正的评定。

三、结语

考察结束后，我们在烈士题名碑下小憩。望着陵园中两排站立的苍劲松柏，感觉它们就像是一个个鲜活站立着的战士。在战场上，是十九路军的将士们用他们的革命担当精神践行了自己对祖国、对人民的诺言，而如今，就让这些松柏守护那些曾经浴血战斗的灵魂吧。

同时，我们陷入了对生命的沉思。生命的意义是什么？想起

---

① 《抗日劲旅十九路军为何从拥蒋转向反蒋》，载《南方都市报》2014 年 9 月 4 日。

古往今来曾对生命的价值意义有过真知灼见的人，司马迁早有一言："人固有一死，或重于泰山，或轻于鸿毛。"臧克家曾说："有的人活着，他已经死了；有的人死了，他还活着。"现场考察的组员们也踊跃发言，各抒己见。有人说，生命的意义在于奉献，一个只顾个人得失的人，他的生命价值是有限的，其生命的意义也是狭隘的。有人说，生命的意义在于坚持，人生有时也如战场，免不了会遇到让你觉得残酷的事情，免不了会遇到挫折与困难，但只要坚持，就一定会迎来胜利的曙光。还有人说，生命的意义在于爱人，这样的生命，才具备深度和广度。更有人说，生命的意义在于实践，因为只有真正把自己所想的做到了，生命的意义才被赋予真实的价值。此刻，我们面对的这些墓碑，背后其实就是一群有价值的生命。他们选择为人类的解放事业而奋不顾身，这是他们活着的意义，也是他们被后人铭记的功绩。

忆往昔，革命先烈，至死不渝、视死如归、赴汤蹈火、舍己为人。时间在流逝，时代在进步，然革命先烈们的精神会永垂不朽。第十九路军在抗日战争中的贡献是不可磨灭的。作为新时代的青年，我们应该向先烈们学习，学习他们持有家国担当的情怀和爱国主义的精神。

当我们回首过往，有可能看到了沧海桑田的巨变，也可能看到了人事纷杂的众相，还可能看到了战争与硝烟、谩骂与厮杀、折磨与仇恨。然而，历史也是有温度的，那一颗颗赤子之心、爱国之心以及一腔腔热血与情怀，伴随着他们的年代，演绎出一场场传世动人的历史剧。"苟利国家生死以，岂因祸福避趋之。"若不是先烈们心系国家、心有人民，怎会有我们后辈的幸福生活。感恩先烈们，感恩所有为人类美好生活而勇于奉献的人们。沉思历史，珍惜当下。最后，我们哼着那句"只要人人都献出一点爱，世界将变成美好的人间"的歌词，并带着一颗感恩的心，离开了这里。

（考察组成员：邓雨、张成香、连文妹、危佳）

文明路的 215 号——广东教育变革新生

从清末广东贡院到两广师范学堂，从国民党一大会址到鲁迅笔下的钟楼，从绿瓦红楼到白顶黄墙，历史长河里，它历经变迁，悠悠岁月中，它见证变革。隐于闹市的文明路 215 号，在这里发生过许多历史事件。经过调查，我最终选取了从教育这个角度来看这座大院，因为这一片土地，是清末民初广东教育变革过程的一个缩影。

一、明远楼前排号舍

穿梭于四通八达的街巷之中，我寻找着文明路 215 号大院。地图上的路线把我引到了一堵破旧的墙前，我望向墙的另一边，树影婆娑，我猜这应该就是大院了。我面前的这面墙不算高，墙面坑坑洼洼的，用灰黑的砖头垒成，并不起眼。然而，这墙脚下立了一块石碑，上面赫然刻着三个大字：龙虎墙。这面墙，让我听到了文明路 215 号的第一个故事。

要说龙虎墙，就要说到文明路 215 号最早的身份——广东贡院（如图 4 - 7 所示）。中国自古以来以科举取士，贡院便是儒

图4-7 广东贡院

生们参加科举乡试的地方,也就是他们"梦开始的地方"。所谓"一举名登龙虎榜,十年身到凤凰池"。然而,正是这样一座被寄予了许许多多士子求学为官希望的贡院,却在历史的长河中命途多舛。广东贡院自宋始建,历经元、明两代,两度毁于战火。

直到清康熙二十三年(1684),"清廷以'崇文重士为急务'",令广东巡抚李士桢在当时的承恩里即现在的文明路215号,兴建了广东贡院(即今广东省立中山图书馆一带)。不幸的是,咸丰七年(1857),由于受到第二次鸦片战争战火的破坏,贡院再次化为瓦砾,只剩明远楼孤独地矗立于被战火烤焦的土地之上。无论战火如何考验它的生存勇气,它始终没有被人们忘记。咸丰十一年(1861),"逢乡试大比,两广总督认为人才乃立国之本,开科取士不可有误,于是与士绅一道捐银重筑新贡院"。随着历史的发展，广东贡院的规模越来越大，最终成为清末四大贡院之一。[①]

回首历史，物是人非。如今在我的脑海中，只能闪过这样一个场面："秋闱大比这日，两广士子早早地拎着盛满考具食物的藤箱竹筐，来到贡院门前列队等候，待军士搜过身后，方才依次进入考场大门，入到自己的号房。……白天可作几案答题，夜间则两板相拼形成床榻。考生入号后即关栅封号。乡试三日均吃住于号内，只有试完交卷后方能开栅离去"[②]。

想象着科举士子入号房时的场景，在广东贡院的旧时照片中，我就看到了那个时代的科举考试场景布置图（如图 4-8 所示）：简陋的砖屋瓦舍，狭窄的活动空间，考生们就在这样的号舍里，

图 4-8 号房

挑灯夜战，绞尽脑汁，只为写一篇八股文章，换取前途功名。我不禁想起蒲松龄在《聊斋志异》里刻画的士子王子安出入号场考试时的可怜画面："其归号舍也，孔孔伸头，房房露脚，似秋末之冷蜂。其出闱场也，神情惝怳，天地异色，似出笼之病鸟。迨望报也，草木皆惊，梦想亦幻。"[③] 蒲松龄的形容，正是对科举考试时号舍里考生状态的生动描绘。然而，"书中自有黄金

① 田飞、李果：《寻城记·广州》，商务印书馆 2012 年版，第 154 页。
② 田飞、李果：《寻城记·广州》，商务印书馆 2012 年版，第 154 页。
③ 蒲松龄：《聊斋志异》，百花文艺出版社 2015 年版，第 387 页。

屋，书中自有颜如玉，书中自有千钟粟"的美好蓝图，仍然吸引着历朝历代的士子儒生在这条狭蹙拥挤的窄路上，疲惫不堪地耗费自己的人生。

科举会试放榜时，榜单就张贴在龙虎墙上。那时的考生们便围着这面墙，着急地在榜上找自己的名字，有人欢喜有人愁。据民间传说，更有甚者，因屡次落第，自觉无出路，竟悲而撞墙。

都说八股科举是凭死板的文章辨人才，是对人才的压抑与禁锢，但在这曾经的广东贡院，我感受到了当时儒生们对科举制度的依赖。科举可以说是下层儒生们改变自己与家族命运的唯一途径，若得高中，加官晋爵，可谓辉煌；若一年不中，便过三年再试，哪怕"三十老明经"，也可以屡败屡战，读一辈子书，考一辈子试。不管考试的条件多么艰辛，也不管几次落第，科举仍然是儒生们希望的曙光。这些对科举制度如此依赖的儒生们在基层群众中占据了相当的比例，因此，废科举、开学堂的革新之举会遭到强大的反对与抵抗是可想而知的，而教育改革的进程为何要比技术改革延后，在这其中也可以窥见些许缘由了。

在广东贡院的龙虎墙前，那些曾经或欢喜或忧愁的儒生里，有不少我们熟悉的名字：康有为、梁启超、戴鸿慈、黄遵宪……他们都曾在广东贡院中举。与大多数两耳不闻窗外事，一心只读圣贤书的儒生相比，他们在列强的炮火中、在中国大门被撞开的轰鸣中惊醒，以更开放的思想、更广阔的视野，主张改革，力持维新，为中国的近代化作出了巨大贡献。其中，康有为在光绪十九年（1893）考中举人后，于光绪二十一年（1895）与数千名举人联名上书，提出变法，史称"公车上书"。从广东贡院走向京城的康有为和梁启超，他们的觉醒意识和行动，实则间接地影响了这座古老贡院的命运。

二、棘围今作高师校

八国联军侵华后，清政府被迫与各列强签订了《辛丑条约》，并沦为"洋人的朝廷"，使得民族危机进一步加深。面对内忧外患的时局，清廷不得不忍受屈辱之痛，寻思挽救岌岌可危的国家命运，推行新政以图强国。光绪二十七年（1901），清廷颁布了新政谕旨，涉及政治、经济、教育、军事等方方面面的内容。而在教育上，正如袁世凯奏请时所言："科举夙为外人诟病，学堂最为新政大端。"①

在推行新政的浪潮中，当时的朝臣重官敏锐分析时事，直指中国历代以来选拔人才的科举制度的弊端。随后，与科举是对立面的新学制和新学堂逐渐被清廷提上日程。光绪二十九年（1903），清廷颁布了《奏定学堂章程》。新学制的落成以及新学堂的设立急需培养一批教育人才，为此，全国各地建起了师范学堂。光绪三十年（1904），当时的两广总督岑春煊把广东贡院改成了两广速成师范传习馆和两广小学管理员练习所。

随着新政的推进，光绪三十一年（1905）八月，张之洞、袁世凯、赵尔巽、端方、周馥、岑春煊六位督抚大臣提议"立

① 袁世凯：《请立停科举推广学院并妥筹办法折》，载《养寿园奏议辑要》（卷35），文海出版社 1966 年版，第 2 页。

停科举"，认为科举"阻碍学堂，妨害人才"。考虑到朝廷未来的发展，以及适应发展的需要，他们立刻联合奏请，表明推行教育新政的举措已刻不容缓。在奏折中如是说：

> 臣等默观大局，熟察时趋，觉现在危迫情形，更甚曩日。竭力振作，实同一刻千金，而科举一日不停，士人皆有侥幸得第之心，以分其砥砺实修之志，民间更相率观望，私立学堂者绝少，又非公家财力所能普及，学堂绝无大兴之望。就目前而论，纵使科举立停，学堂遍设，亦必须十数年后，人才始盛；如再迟之十年，甫停科举，学堂有迁移之势，人才非急切可成，又必须二十余年后，始得多士之用。①

在张之洞等各地方督抚的推动下，光绪三十一年（1905），清朝废除了科举制。此时的广东贡院设立了两广初级简易师范科学馆。按照《奏定学堂章程》中所说，此时的两广初级简易师范科学馆将培养出为初等小学和高等小学授课的教师。三年后即光绪三十四年（1908），广东贡院又设立了两广优级师范学堂，开始为中学教育和初级师范教育培养师资力量。

根据《奏定初级师范学堂章程》《奏定优级师范学堂章程》以及其他各地的师范学堂资料中得知学堂的一项特别规定："师范学生无庸纳费"。与此同时还有另一项规定：受到免费教育的

---

① 王炜：《〈清实录〉科举史料汇编》，武汉大学出版社 2009 年版，第 1109 页。

学生，毕业之后必须在本州县任教一定的年限；如果学生在毕业之后没有按照约定完成相应的任教年限，则要归还学费作为惩罚。这样奖惩结合的规定，从体制上完善了师范教育以及新式学堂教育的发展。

那么，当时两广师范学堂（如图 4－9 所示）的学生们都学些什么呢？我们暂时没有查到他们的课程表，但是根据两江师范学堂和福建优级师范学堂的课程安排，大致可以推测当时的学子们需要学习的课程可能有修身、中国文学、习字、教育学、读经、历史、博物、算学、化学、图画、外国语、农学、商学、手工等。

图 4－9　两广师范学堂

从广东贡院走向师范学堂，文明路 215 号为我们展现了中国教育史上的巨大变革，让我们得以窥见清末新政中教育革新的细节，即清末新式学堂的兴起以及新学制的实施，使我们从历史中认识到了此时清政府对师范教育的重视，也从史料中爬梳出了清政府为师范教育所作出的种种努力。两广师范学堂不仅培养出了具备新知识的新式人才，同时也注重培养本土化的教育人才。因为，在西方新式教育浪潮的冲击下，如果缺乏对本土师资力量的培养，不因地制宜地实施教育政策，那么，中国的近代化教育可能要大部分依靠外国（日本、西洋）教习发展起来了，这不仅是可悲的，也可能会使在这种环境中成长的学生失去对中国文化及其价值的认同。

1912 年，两广师范学堂改为广东高等师范学校。文明路 215 号大院的故事，在新的时期有了新的开始。

三、中山手创新大学

在如今的文明路 215 号，当年广东贡院和两广师范学堂的痕迹已留存不多了。而提到这个地方，人们大多会想起在此发生的一个重大历史事件——奠定了第一次国共合作的国民党第一次全国代表大会。

1924 年，国民党第一次全国代表大会在广州召开，大会提出了新三民主义，国民党全面改组，实行国共合作。大会闭幕后，为了革命事业的人才培养，孙中山提出要建立"一文"和"一武"两所学校。其中，"一武"，是后世所熟悉的黄埔军校；"一文"，就是后来更名为中山大学的国立广东大学。孙中山对这两所承载着他教育理念与救国希望的学校充满深情，并寄予了厚望。

1924 年成立的国立广东大学，就设立在文明路 215 号大院的广东高等师范学校原址上，合并了原来的广东高等师范学校、广东法科大学和广东农业专门学校，设有文、理、工、医、法、师、农七个学院，实行学院制，这是国内较早仿欧美学制建立的高等学府。孙中山为国立广东大学题写了"博学、审问、慎思、明辨、笃行"的十字校训，并任命邹鲁为校长。孙中山也在国立广东大学进行了多次关于三民主义的演讲，向学子们传达革命的精神和理念。1925 年孙中山逝世，为了纪念他，廖仲恺提议将国立广东大学更名为国立中山大学。

1927 年，鲁迅受邀来到中山大学担任文学系主任兼教务主任，开设了文艺论、中国小说史、中国文学史三门课程。与此同时，他还积极投身于社会运动。在前往广州前，他在与许广平的信中提到，自己到达广州后，会继续对"绅士"们加以打击，并且"造一条战线，更向旧社会进攻，我再勉力写些文字"。

鲁迅于中山大学任教时，正是住在文明路 215 号的这栋钟楼中，并有《在钟楼上》等记录他在此居住生活的感想的文字。在这些文字中，鲁迅说自己是"抱着梦幻而来，一遇实际，便被从梦境中放逐了"。主任、教授的身份将他束之高阁，语言的障碍也让他苦恼，在钟楼上的鲁迅，最终还是把更多的精力放在治学、作文和教育上。

他把自己的声音传到了中山大学，并通过中山大学这个"喇叭"，对广东呐喊。他在《读书与革命》中写下这样一段话："对于一切旧制度、宗教社会的旧习惯、封建社会的旧思想，还没有人向它们开火！中山大学的青年学生，应该以从读书得来的东西为武器，向它们进攻——这是中大青年的责任。"文明路

215 号大院，也因这位大家的驻足而被注入了新鲜血液，由此也产生了一批积极进取的青年。他们满腔热血、满怀激情地融入那个年代的革命洪流中，用自己的实际行动去完成革命年代的使命，去抒写中华崛起的篇章。

1927 年，"四一五"反革命政变后，鲁迅离开了钟楼。1934年，中山大学校本部从文明路 215 号迁往石牌。喧闹的大院就此渐渐沉寂，现在的它，被建成广州鲁迅纪念馆受到游客瞻仰，向游客们述说着过去的故事。

四、结语

我离开大院的时候，夕阳西下，院中聚集着放学后在一起玩耍的孩子们。这些尚且年幼的孩子们或许还不知道，百年以来，在他们站立着、嬉戏玩耍着的这片土地上，来了一个又一个儒生，走出了一个又一个维新思想家，也培养了一批推动着教育近代化的人才，更滋养了中山大学最早的莘莘学子。

这一段教育近代化的历史，是一段进步的历史，也暗藏了一段屈辱的历史。两百年前，我们的先人还在苦读四书五经，希冀着有朝一日能够释褐为官，而外面的世界已经发生了翻天覆地的变化，他们的眼界却还囿于天朝上国的疆界之中，不知何为科学、何为自由、何为平等、何为民主。鸦片战争中，外国列强用大炮打开了中国的国门，开眼看世界的先锋才终于出现。直到民族存亡之际，人们才意识到思想变革、教育近代化的重要性。然而，千年的教育制度，岂是说变就变的？戊戌变法兴了又败，留美幼童派了又回，废科举群起激愤，建学堂新师难寻。贡院成师范，师范变大学，这条路是在列强入侵的水深火热中、在有识之士的不懈努力下被开辟出来的。

从龙虎墙走到钟楼，又从钟楼走回中山大学，我不仅感慨于钟楼变迁所体现的教育变革，内心更有一种感动。感动于我今天所体会到的校园文化、所受到的多元教育，原来是那么多仁人志士努力的结果，原来有如此深厚的历史渊源。

百年钟楼，风雨沧桑，莘莘学子，永志勿忘。

（考察组成员：陈子立）

小巷里的铁路梦——詹天佑铁肩担责任

詹天佑故居坐落在广州市荔湾区的西关十二甫西街（如图4-10所示），古代称广州府西关十二甫西街，这里是詹天佑出生的地方。中华人民共和国成立后，詹天佑故居被改造为纪念馆。詹天佑就是在西关十二甫西街的小巷中出生和走向留洋之路的。方正的青砖、陈旧的木趟栊和精致的满洲窗是构成詹天佑故居的基本元素（如图4-11所示）。故居旁有一所詹天佑小学，这所学校与詹天佑故居的小花园相连接，向小花园内望去，花园内建有小型的铁路，用来纪念京张铁路的建设，这也是对"中国铁路之父"詹天佑的永久怀念。

图4-10　十二甫西街

图4-11　詹天佑故居正门

一、背景：西关十二甫

欧洲经过两次工业革命，经济、科技、文化以及生产力等方面发生了翻天覆地的变化。而清王朝的统治者却依然沉浸在天朝上国的美梦中，不愿去看世界发生的巨大变革，闭关自守，阻止西方先进技术的传入。中国的工业生产能力、科技制造能力等方面，几乎落后了西方将近两个世纪，日渐兴起的科技大潮已经逐渐将中国排斥在世界先进国家的行列之外。中国曾在古代相当长的一段时期内，一直引领着世界科学技术的发展，但进入近代后，已经远远落后于西方工业革命中兴起的国家。两次鸦片战争的失败，使清王朝的统治者开始看到中国与西方工业国家存在的巨大差距。鸦片战争后社会矛盾激化，引发了太平天国运动，清政府的统治根基被强烈撼动。为了维持清政府的封建统治，在主张学习西方的洋务派和反对学习西方的顽固派的争执中，洋务运动的事业开始提上日程。留美幼童就是在这个环境中产生的，重点学习西方的工艺、科技、军事等知识。

广州市荔湾区的西关十二甫西街的詹天佑故居，原本是临涌木板房，面积只有 30 平方米左右。詹天佑父母以及詹天佑的兄弟姐妹都曾在这里居住，詹天佑也是在这里出生和成长的。詹天佑 11 岁时被选派出国留洋，归国后在广州工作的时候曾回这里居住。直到工作结束，詹天佑才把家搬到北方的工作之地。这间房屋后来被租、卖给别人。转卖后的房屋加盖了二楼，并将原有的外墙改为砖墙结构。1911—1913 年，詹天佑曾返回广州工作了两年，担任粤汉铁路的总工程师，这时他已不在这里居住。此后，詹天佑迁居武汉，担任交通部技监、督办等职务。

詹天佑出生时家境并不富裕，因此，詹天佑故居也就是普通的民居，在建设纪念馆时曾对这里进行修复，并且将西关普通民居中的朴素风格融入其中。需要指出的是，詹天佑故居的设施陈列是参照故居的旧玻璃底片来安排布置的，故居内摆放着八仙台以及睡椅等老旧的家具，厅堂和睡房之间用屏风隔开。此外，故居的一侧墙壁上悬挂着一副对联，上面题写着"幽芳淡冶仙为侣，傲骨嶙峋世所稀"，这是詹天佑的故交赠送给他的诗句，将詹天佑的一生真实地呈现了出来。

二、参观过程

依据詹天佑故居建造的纪念馆，主要分为三个部分：第一部分是詹天佑原故居，第二部分是纪念馆的陈列展览厅（如图4－12所示），第三部分是原故居外小花园内的"人"字形微型铁路。

图4－12　纪念馆内展厅

詹天佑纪念馆现有展厅是由13米长的标准展柜组成，并被间隔成5个不同主题的小陈列柜，有50余幅图片，实物以及史料共计70余件。纪念馆集中展现了三个部分的主题内容。第一部分的主题是詹天佑出生时的家庭境况及其童年留洋时的情况，展览厅内详细介绍了其曾祖父詹万榜如何从徽州南下广州经商，并在西关十二甫购房和申请入籍的史实。

展览厅内有关于詹天佑生平事迹的详细介绍，詹天佑，字达朝，号眷诚，祖籍徽州婺源，1861 出生于广州。1872 年，詹天佑作为清政府选派的首批留美幼童，留学美国。1881 年，他在耶鲁大学取得学位后回国。詹天佑担任过福州船政学堂、广东博学馆的教职。1888 年以后，他被派往北方修筑铁路。为人们所熟知的萍醴、潮汕、沪宁、洛潼等铁路都有他参与修筑的身影，京张和广东省粤汉铁路的先后修筑成就了他一生的辉煌。辛亥革命以后，詹天佑担任汉粤川铁路的督办、技监、会长等职，还领导和创立了中华工程师会，是中华民族铁路事业走向现代化的开拓者。1919 年，詹天佑去世。

第二部分的主题是由詹天佑学成归来后的创业事迹。展览厅内有一幅巨大的中国铁路网图片，上面清晰地标注了詹天佑参与修筑的铁路。这些标注着詹天佑创业事迹的图片，搭配着京张铁路等极具有代表性的实物展览和历史图片等，向参观者展示了詹天佑作为中国铁路事业开拓者的历史形象。

唐山铁路：1888 年，邝孙谋推荐詹天佑到中国铁路公司担任工程师。詹天佑在铁路修筑期间亲临工地第一线，与工人同甘共苦，只用了 70 多天就使铁路建成通车了。唐山铁路是从一个涵洞里贯穿的，穿过唐山市区的新华主干道，这条铁路全长共计 12 千米。这也是中国历史上第一条按照国际标准建造的铁路。

滦河大桥：1891 年，李鸿章在清政府的支持下设立了"北洋官铁路局"，并由他的助手周兰亭等总揽铁路修建事务。虽然清王朝的洋务派和顽固派一直对修建铁路存在较大的分歧，但

1892 年李鸿章和英国铁路技师金达①已经达成了修筑协议——建造由古冶到山海关的铁路。出乎意料的是，这条铁路修建到滦河岸边的时候，面对宽阔的滦河河面，金达邀请了当时世界一流的英国铁路专家喀克斯来指挥铁路修建工作。可是，滦河河床地质结构极其复杂，桥墩无法建造，辗转之下，始终无法如期完工。直到这时金达才想起了詹天佑。詹天佑提出这条铁路必须由中国人自己来修筑，于是，他不仅将各国修筑桥墩失败的原因进行了详细的分析，而且勘探了滦河土壤和地质，决定放弃原有的桥墩修建地址，派遣中国的潜水员潜到河床底部，配合机器同时操作，最终完成了桥墩的打桩工作，滦河大桥才得以建造成功。到辛亥革命时，中国已经修筑铁路桥梁共计 6000 余座，而滦河桥是当时最早采用最为先进的气压沉箱技术的桥梁。

京津铁路：又名津芦铁路，是从天津到北京卢沟桥的一段铁路，自 1895 年建设，于 1897 年 6 月通车，这座铁路是聘请詹天佑担任铁路工程师和英国人金达担任铁路总工程师修筑完成的。这是中国最早修建的一条复线铁路。1894 年，清政府同意修建从天津到北京的一段铁路。这段铁路由胡燏棻担任督办，并向英国政府举债 40 万英镑，也是中国历史上第一条举外债修的铁路。1896 年，京津铁路建成通车。1897 年，京津铁路从卢沟桥附近修筑延伸到丰台地区。同年 6 月，铁路又延伸到北京永定门外的马家堡附近。1903 年，这条铁路再次得到延伸。

---

① 英国技师克劳德·威廉·金达（Claude William Kinder C. M. G.）为当时的铁路技术总工程师。

萍醴铁路：始建于 1901 年，詹天佑被派给美国铁路工程师李治和马克担任助手。詹天佑在缺乏铁路图纸的情况下，经过一个多月的考察和勘探设计，调集铁路工人开工建造而成。詹天佑修建萍醴铁路采用的是"土洋结合"的修筑办法。萍醴铁路修筑完成后，全长共计 38 千米，这条铁路是为汉冶萍公司运输煤矿修建的，并将运输的煤矿全部供给汉阳铁厂。

新易铁路：1902 年，袁世凯任命詹天佑为新易铁路修筑的总工程师，并要求他在 6 个月之内建成，以免耽误慈禧太后第二年的清明祭祖。这是中国人自修铁路的开端，因此，詹天佑非常重视这次铁路修建。在詹天佑的主持设计下，这条铁路耗时 4 个月就建造完工了。这条铁路的修建极大地鼓舞了中国人建造铁路的自信心，也为铁路修筑事业奠定了坚实的基础。

京张铁路：这是詹天佑全面主持并负责建造的第一条铁路。京张铁路经过八达岭、居庸关等地直至张家口站，全长大约有 200 千米。京张铁路于 1905 年 9 月开工，历时约 4 年建造完工。这条铁路是中国第一条不使用任何外国铁路人员和资金修筑而成的铁路，也是由中国人自主设计的铁路。京张铁路的工程十分艰巨，铁路修筑中排除了英、俄等国的干扰和阻挠，是在詹天佑的主持和设计下完工的。

中华工程师会：清王朝覆灭后，詹天佑为发展和振兴中国铁路事业，带头成立了中华工程师会，是铁路工程师团的肇始，并被同行一致推选为该团体的会长。中华工程师会成立后，一直致力于学术交流和铁路科技事业的发展，在当时对于推进铁路技术方面的学术研究具有重要作用。

由詹天佑故居改造的纪念馆，馆内收藏了大量有关钢轨、铜铃、样板盒以及詹天佑修筑铁路期间使用的仪器和字帖等。此外，还有詹天佑的履历以及一些仿真文件等。其中，京张铁路钢轨上镌刻的"I. P. K. R. 1905"的痕迹还很清晰，I 表示皇家、官方的意思；P 指北京；K 以前被译为蒙古语"喀拉干"，这是詹天佑之孙詹同济从京张铁路的铁路旁捡拾到的，不远千里送归祖父的故乡。《京张路工》图籍内容十分详尽，共有图片 183 幅，并且绝大部分来源于京张铁路修筑的施工现场以及沿线的相关景点。

展馆第三部分的主题则集中展现了詹天佑的爱国、真诚以及敬业等高尚的品德。其中展出的有 1906 年詹天佑写给诺索布校长夫人的信件（诺索布校长夫人在詹天佑留美期间曾照顾他生活）、詹天佑在铁路修筑胜利时奖赏下属的信件、詹天佑做官时的一些谈话等，这也是第三部分主题的精华展品所在。

这些纪念展品基本是由荔湾区地方志办公室经过多年征集来的，其中一些展品是由铁道部的纪念馆提供，还有一部分是由詹天佑的孙子詹同济、留美幼童梁赞勋的后人等提供。展馆内还有一些其他类似展馆所没有的珍品，例如，詹天佑主持编修的家谱、留美幼童同学录以及詹天佑逝世时友人赠送的挽联等展品。

詹天佑在世期间对亲属的要求十分严格，不徇私情。1906年，他曾专门写信批评其亲属谭丽泉："近今一月余，阁下办事常常耽误公事，不用心。不知所办之事可能认真与否？"有一回，詹天佑的内弟赌博，输了 1000 大洋。他知道后，十分生气，挥笔写下一纸："内弟出丑，外兄概不负责！"

正是在詹天佑的言传身教下，其后辈涌现了大批品学兼优的人才，例如，詹天佑的三子詹文耀、四子詹文祖以及五子詹文裕的长子詹同济等均是铁路工程师，詹文裕的次子詹同渲是著名的漫画家。

三、结语

随着国家高铁事业的蓬勃发展，中国的高铁里程已达上万千米，不仅通过"一带一路"以及海上丝绸之路等途径走出了国门，而且整个高铁产业链也迈入世界先进国家的前列，这些成就让数以万计的国人感到自豪！我们不应忘记中国铁路事业的奋勇开拓者——詹天佑！而詹天佑故居在历史的长河中沉淀，散发着浓浓的芬芳，同时也在婉婉诉说着那段历史和那个人的故事。

周恩来说，"詹天佑是中国人的光荣"。詹天佑是中国近代铁路科技的先驱，也是一名伟大的爱国者，还是中华民族铁路修筑的第一人。回望从鸦片战争至现在，我国的科技发展之路也是一路曲折。从詹天佑说起，一条京张铁路，不仅仅捍卫了中国人的自主权，更是让外国人对于中国的创造力、不屈的精神刮目相看。詹天佑是清政府派出的第一批出洋留学的学生，虽然这一举措对于当时的清政府来说只是个救国迷梦，但对于詹天佑等这批幼童来说，这何尝不是一次机遇。科技是一个国家的动力，詹天佑大概也是明白了这个道理，所以在那个年代努力读书，发奋自强，不负众望，学有所成，践行了用学识救国、科技兴国，他用一条条中国人自己修建的铁路向世界证明了中国千百年来的科技天赋与自主创新、创造能力并未丧失，也间接地向国人指出了一条明路——科技兴国，科技救国！

詹天佑是中华民族的一名杰出的爱国工程师。每当在铁路修建中遇到困难时，他总会去想，"中国人靠自身实力修筑的铁路，一定要把它修好。否则，中国铁路工程事业不仅无法得到外国人的认可，会被嘲笑，还会使中国工程师丧失建造铁路的信心"。他把这句话始终作为激励自己奋勇前进的重要动力，所以，每当他遇到修筑难题时总是无所畏惧，这让我们不得不敬佩他。铁路线路往往会经过很多高山峡谷，必要时必须开凿隧道。京张铁路修建期间，由于居庸关山势太高、岩层过厚，詹天佑主张采用从隧道两端同时向中间开凿隧道的办法，就这样把修筑工期缩短了近一半的时间。作为一名铁路工程师，詹天佑不仅不怕困难和艰险，也不怕来自各方的压力和嘲笑。他的爱国精神，非常值得我们学习。

时间，也许能改变山川面貌，但历史依旧，爱国精神也依旧，这是中华民族的同胞共同拥有的不变精神！詹天佑在近代积贫积弱的年代，是一位真正的爱国主义者，他不畏西方铁路工程师的嘲讽，用自身的能力为国家的发展作出了不可磨灭的贡献。詹天佑是伟大的，是无私的，是可敬的，更是爱国的！

（考察组成员：王刘伟、危佳）